作家、戏曲史论家蒋星煜

1950 年 蒋星煜与妻子王国霞

蒋星煜与孙子蒋映泉（英国伦敦大学经济学博士）

80 年代 蒋星煜（前排左三）与上海艺术研究所同事会见山东大学关德栋教授
（前排左二）一行

1999 年 蒋星煜学术研究六十周年座谈会宣传册封面

1986 年 蒋星煜为山西普救寺内传说中的崔莺莺居处所题匾额

《明刊本〈西厢记〉研究》获第一届戏剧理论著作奖

策　划　宋　妍　张晓敏　沈文忠
统　筹　倪里勋　王　刚

海上谈艺录丛书

# 西厢桃花别样红

尹永华　著

上海世纪出版集团
上海文化出版社

# 目　　录

# 艺术访谈

　　我出生在现代中国社会动荡变迁的时代，年轻的时候赶上了日本人入侵中国，后来又遭逢国内战争，以后还碰上了"十年动荡"。但是，我既然有些知识，也就一定不会昧着良心说假话，因此，我被作为"臭老九"批斗时遭遇很惨，还因此被打落了全部牙齿，甚至于家破人亡，也就不甚稀奇了。但我深深爱着我的祖国，没有其他理由，因为这是我的祖国啊，因为我热爱唐诗、宋词、元曲，我爱方块字。

　　中国古典诗词给了我最初的文化熏染，我对中国传统文化中的唐诗、宋词、元曲爱之甚深。元曲中的散曲是我的最爱，比如马致远【天净沙·秋思】的"枯藤老树昏鸦，小桥流水人家，古道西风瘦马。夕阳西下，断肠人在天涯"。《牡丹亭》中"原来姹紫嫣红开遍，似这般都付与断井颓垣。良辰美景奈何天，赏心乐事谁家院"。

　　这一切，陶冶了我的性格，也使我终生陶醉其中。

——蒋星煜

蒋星煜与本书作者尹永华（田员 摄）

# 筚路蓝缕　玉汝于成

时间：2013 年 2 月
地点：上海梅陇蒋星煜先生寓所
受访人：蒋星煜
采访人：尹永华

2013 年 2 月，春节刚过，便带着"任务"拜访蒋星煜先生。

蒋先生是我的祖师辈，我在戏剧学院读书时的多位老师，实际上都是他的学生或者学生的学生。我读大学的时候，蒋先生的文章著作属于必读类。先生的文章著作鞭辟入里，既厚积薄发又娓娓道来，在汗牛充栋的戏剧史论著作中，有着自己独具的品格，在那个时候，给了我们诸多滋养与启示。

后来大学毕业在媒体单位工作，多次采访先生，要么在各种学术研讨会现场，要么就偷懒干脆通过电话完成，常是赶任务的状态，后来每每想起，也多有自责。2011 年，研究生的同学要撰写中国戏曲史论专著，我们彻夜长谈，话题自然到了先生这里，夜已深，万籁俱寂，说起先生时年已逾九十，不禁浑身一凛，心底油然而生感慨。同时，就更加盼望着有缘尽快再睹先生风采。

随之，心想事成，"海上谈艺录"丛书提供了机缘，可以一了心愿。

此刻，蒋先生的客厅。午后的早春阳光，虽有一点怯怯，但坚韧中蔓延出温暖。茶香氤氲，聊到兴起，先生为我们打开音响，《蓝色多瑙河》的旋律充盈了这间书香、茶香交汇的小小客厅。

……

生命不息，创造力永在。

我们的工作，就此展开。

## 不拘一格　自成体系

尹永华（以下简称尹）：蒋老，您一生从事艺术理论研究工作，而且很早（初中一年级）就开始写作，您认为，您一生从事这项工作，是天赋的成分多一些还是后天的喜好多一些？

蒋星煜（以下简称蒋）：马克思曾经说过一句话："古希腊的神话和艺术是人类

童年时代美丽的事，具有永恒性的魅力。"这话也可以用在我这里，用现在流行的语言来说，也许我生来就有一点文艺的细胞吧，从读书识字开始，我就觉得听故事、听唱歌、看舞蹈等等非常有趣，在我眼里有着无尽的魅力。我一直就十分喜爱这些文艺形式，但并不是满足于加以模仿，或者是参加一下表演，而是情不自禁地加以品头论足。如果一定要找出个不一样来，这一点，就算是跟很多人不太一样的地方吧。

我庆幸我有一位可以带我发蒙的外祖父，自小我就受到他的巨大影响。我的外祖父是一名前清的秀才，但思想却一点也不保守。他不仅思想开明，而且极有个性魅力，做事有自己的想法。我刚学会走路，他就领着我泡茶馆了，我很小的时候，就在茶馆接触到了三教九流各种各样的人物。还记得童年时期，外祖父带着我沿着溧阳的城墙散步，看见许多家庭以外活生生的事物，耳濡目染的作用不可小觑。外祖父也讲给我许多当地的风土人情和文化典故。后来让我终生受用的，还有外祖父时常给我讲的一些历史故事和唐诗，我六七岁的时候，他就开始带我进入中国古典文学的殿堂。到我十二三岁的时候，已经读了许多中国古典小说，十六七岁的时候，我就读了当时出版的鲁迅、郭沫若等人的一些著作，以及许多外国文艺作品等，当时就觉得受益匪浅，后来更是在我的学术生涯中起到了奠基作用。

尹：您很早就介入文艺活动，是纯粹自发的还是家庭学校强迫的呢？

蒋：（笑）当时的学校和家庭还不像现在这样，逼迫孩子学这学那，甚至用打骂体罚的办法，以致孩子产生厌恶和对抗心理。那时候学校以引导为主，仅提供一点必要的条件而已。我始终觉得激发一个人对于文艺活动的浓厚兴趣最为重要。我记得在我幼年时候，溧阳就有规模比较大的小学，如溧阳书院小学等，每学期结束的时候，都会召开一个"恳亲会"，由学校组织老师、同学们表演节目，再邀请家长代表出席，算是每年一度固定的一个仪式，但却是同学们最热切盼望着的。其实，这个"恳亲会"也就相当于现在流行的学校和家长联谊性质的文艺活动。我最早写的评论文字，内容就是围绕"恳亲会"文艺表演的各类节目，溧阳本地的报纸收到后每次都会全文照发。早期评论文字的发表，我始终认为，是对我当时写作的一种肯定。更为重要的是，对我以后以写作为职业有很大的鼓舞作用。

尹：您迄今已经深入到多项艺术领域，取得不俗的成绩，都与您很早就介入多项文艺活动大有关系。我们注意到这一点与今天教育中推行的素质教育有些一脉相承，您对此有些什么体会呢？

蒋：我始终觉得激发一个人对于文艺活动的浓厚兴趣最为重要。我是在邻县宜兴读的初中一年级，表舅周陛勋当时是在读高二，表哥王秉禹是在读初三，他们都对文学艺术之类深有兴趣。学校的全名是"江苏省公立宜兴农林职业学校"，学生全部住读，而且都是男生，但是，在这所冠名"农林职业学校"的校园里，却有一个一般人想不到的特点，就是学校的文艺气氛极其浓郁，当然，这个学校每年也都会举办"恳亲会"，而且规模会更大一些。

我认为适当的文艺活动实践，对一个孩子想象力的激发具有重要作用。记得在一次学校的"恳亲会"上，学生自己组织演出了根据张恨水小说改编的《啼笑因缘》，沈凤喜由学校的撑竿跳冠军汤瀚章扮演，关秀姑、何丽娜也全部都由男生扮演，虽然都是反串角色，但是演出却非常精彩。也就是在那个时候，我从表舅周陛勋那里读到了不少书，其中就有梁启超的《饮冰室文集》和胡适的许多著作。读这些书，都对我以后的人生道路和学术研究有着巨大的帮助作用，尤其是读胡适的著作，对我以后到重庆工作，更是有直接的帮助。

尹：蒋老，您之所以被称为上海文化界的"泰斗"级人物，一个原因是您的研究领域十分广泛且都颇有成就，您认为自己主要涉猎的领域是哪些？

蒋：在文化领域，我对书法、国画、舞蹈、杂技、古典音乐都有浓厚的兴趣，大都以欣赏为主，但对于书法，则用了些苦功。我先是写了《瘗鹤铭》，后来也临摹了《多宝塔》、《东方朔画像赞》等颜真卿的碑帖，这些碑帖都是正楷。行书则是写了钱南园《枯树赋》。二十五岁那年，我完成了《颜鲁公之书学》这部书法论著。国画我也很是喜欢，我还曾经学过山水画，但是一个人的时间总是有限的，所以一直觉得很遗憾的是，我对山水画没有能够做到持之以恒。

有意思的是，我的戏曲史著作的写作、出版则多是在"文革"结束之后，那时候，我基本上完全离开了行政岗位，这才开始有了大块自己可以支配的时间，能够安心自如地做自己有兴趣的事情。我就把时间用来整理自己的文章、书稿，随后陆续发表和出版。大家都知道，新中国成立后的十七年里，国家一直比较注重戏曲的教育功能，却只有极少数的人对过去数目繁多的戏曲史料，包括各种文集、诗集、方志、家谱中的史料去进行挖掘，进行一些必要的史料考证和整理工作。很长一段时间里，我看全国范围之内，也只有任二北、徐朔方等少数几位在这方面努力。赵景深先生也没有来得及进行深入系统的挖掘，但别人来请教，他可以热心地提供些许线索，甚或做一些指点。于是，我自己定下心来，决心在古典戏曲的版本、目录方面做一点工作。在给自己的研究设计了这样一条道路之后，我初步确定的重点是《西厢记》和辽代戏曲两大版块。至于我的研究成果是否被大家承认，我倒是从未加以考虑。当然，"文革"之后，学术研究逐渐走上正轨，1984 年我的《西厢记》

研究著作《明刊本〈西厢记〉研究》，获得中国戏剧家协会举办的全国第一届戏剧理论著作奖，这对我是一个肯定和鼓舞。

**尹**：人们常说，学术生涯早期遇到的良师益友，对一个人的成长具有莫大的作用。刚才说了外祖父，其他还有哪些人呢？

**蒋**：我研究书法并出版《颜鲁公之书学》是在抗战时期的重庆。当时，在重庆北碚夏坝的复旦大学有位沈子善教授，那个时候他正在异常艰辛的情况下编《中国书学》杂志，我当时在重庆北温泉跟他有些联系，他得知我写了一本研究书法艺术的专著《颜鲁公之书学》之后，就要去仔细看了，看完认为这本书是花了苦功的，也表示他对这本书很有些兴趣，就选发了此书的一个章节。当然，因为条件所限，发表了也是没有稿费的，就只有两本样书，但当时的我已经很满足了。这种感受可能很多年轻学者都有，那就是最初看到自己文字变成铅字的愉悦感幸福感。也大约是在这个时候，这本书几经辗转到了国民党元老李石曾先生手里，他也肯定了我的这本著作。这以后，乐于提携后学的李石曾为此书稿还操了不少心，但是，因为战乱，出版此书也还是不容易的，直到李石曾成了世界书局的董事长，才最终决定由世界书局出版此书稿。1948 年，几经周折，《颜鲁公之书学》终于由世界书局出版问世，这也是我继 1942 年在中华书局出版《中国隐士与中国文化》之后的第二本学术专著。

**尹**：现在很多学者撰写论文、出版专著，目的其实就是拿学位、评职称，博得一个浮泛名号。您从事学术研究的初衷是什么呢？

**蒋**：我时常想，历史再发展一二百年，世人也许才会对现在的学术成果做一个比较客观的评价。如果没有这些评价，那样倒也无所谓。对于我而言，做了一点实际工作，我觉得几十年的粮食没有白吃，对得起种庄稼的农民就可以了，心里也就有了一些安慰。对关汉卿，对王实甫，有一些研究心得，对我来说，这比中了任何大奖都更加开心。

其实，我也根本不要求得到大家承认什么的，我既不是任何政党的成员，也没有担任过任何"长"啊、"主任"啊、"主席"啊，就连副职的头衔也没有，而且要圈外人承认你的研究成果也不可能，因为他们不了解。当然，在圈子里面也难。除了作协、剧协，我没有参加任何文艺团体。我就是个不折不扣的读书人，把那些开会、投票、喝酒聚餐的时间就都用在读书、写作上了。

比如说戏曲史研究吧，有的人说起来也算是戏曲史研究方面的权威，但他们从未接触第一手的材料，也并没有做进一步深入的研究，他们承认不承认我的成果，无关紧要。何况，就是承认了，这又有什么实质意义呢，我倒是真无所谓。

尹：蒋老，您的学术环境一直不是象牙塔，甚至可以说常常是处在逆境中做学问，对此您有什么感受呢？

蒋：的确，我的学术生涯很多次遭逢逆境。比如"反右"，比如"文革"等等。但是，很多次，我遇到了还不错的同志、领导，得到了他们的理解和关照。比如新中国成立后我参加工作不久，曾经担任上海市军管会文艺处剧艺室主任，后来担任中国剧协秘书长的伊兵，还有曾经担任上海市文化局局长的李太成，他们对我在业务上非常信任，在政治上也不存在任何怀疑。当然还有京剧表演艺术家周信芳，他们都经常和我探讨中国历史上的许多重大事件，我已经十分满足了。

尹：蒋老，您在许多领域已经卓有成就了，声誉有时候也会成为负担，可您始终很是淡泊，您是怎么考虑这些的？

蒋：声誉与金钱一样，都是身外之物，不必太在意。现在大家认为我对《西厢记》做了不少研究工作，那也是事实。恐怕还有一些另外的因素，因为我在祖国宝岛台湾也出版了有关《西厢记》的著作，在日本又出版了著作的手迹影印本，并和日本、韩国以及欧美的《西厢记》专家有些交往，在宝岛台湾及日本的《西厢记》研究领域也有了一点影响，以致人家对我的看法有些改变。好比商品畅销了，评价自然也就随之提高。所以，在某种程度上，也可以说我对《西厢记》的研究得到了大家的承认。当然，实地考察普救寺旧址，研究"西厢"的位置，探讨《西厢记》对《金瓶梅》、《红楼梦》的多方面影响，并确认"红娘"这一名词在现代生活中的广泛使用等等，也都是前人所没有涉及过的。至于书法研究，因为《颜鲁公之书学》首版是在解放前出的，以至于大家甚至都不知道有这本书，而我至今也不是任何书法家组织的成员。我本来不搞戏曲，以致到"文革"结束，许多人都还一直以为我不过是个戏迷而已。

"文革"结束后，作家吴强因为曾经是我的领导，对我比较了解，介绍我加入了上海作家协会。那次上海作协开大会，我还被推举为古典文学组的代表上台发了言。

也是在那次会议的间隙，复旦大学的蒋孔阳、华东师范大学的钱谷融两位教授神情惊异地问我："解放前有一本《中国隐士与中国文化》，是你写的吗？"这也正反映出上海文化界对我不了解，当然更谈不上什么"公认"了，对此，我倒也没有什么更多的想法。中国作家协会倒是了解我抗战时期在上海、重庆两地做的一些工作，所以曾经颁发给我纪念参加抗战文艺活动的奖牌。这一点对于我而言，已经是意料之外的肯定了。

## 《西厢记》的美与《桃花扇》的真

尹：蒋老，您的学术研究领域很广泛，但我觉得中国文化史研究一直贯穿其中，您是有意介入文化史学领域的吗？

蒋：我从事中国文化历史研究，没有师从过任何一位历史学家，一直是在自学。我为此读了许多书，当然，还包括大批线装书，受益匪浅。一般情况下，我捧起一本书，如果遇到不懂的问题，往往就自己查阅参考书。十三岁离开外祖父以后，我学习文史一直就是自学。实际上这也是为环境和条件所迫，无奈而为之，当然也不光是我，学习是受条件限制的，条件不允许向老师请教的时候，学习者也就只好如此。我阅读范围除古籍之外，梁启超的史学著作也读了一些。在"孤岛时期"，确实也听过陈高镛一学期历史课，但遗憾的是没有和他做任何深入的交流，也就未留下特别深刻的印象，就更没有更多的影响了。

尹：我觉得自学似乎是您求学最主要的途径，是这样吗？

蒋：是的，自学是我的主要学习方法。我现在觉得自学这个方法好，是因为自学有动力，这动力往往就是发自内心的喜爱。比如研究书法艺术，我也是自学的。事实上，我的书法开蒙老师也是我的外祖父，他对我的影响很大，但是书法上，他不写颜体，而后来我研究书法主要是在颜体上下了功夫。《颜鲁公之书学》，就是专门论述颜体书法的传承和特点，后来由世界书局出版的时候，沈尹默审阅了稿件，对我的印象也比较深刻。

青年时候，我还做过图书馆员，这个工作经历，使我知道了许多书目和书籍的检索方法。当时，我们那个图书馆馆长名叫沈学植，是自金陵大学毕业的。从他那里我知道了除了部首、四角号码之外，还有五笔检字，按平、上、去、入四声的韵目检字等等。燕京大学抗战前出版的一批《索引》，也是沈学植馆长教我使用的，对我后来的学术研究生涯大有裨益，我对此终生感激。研究中国戏曲史的时候，如果产生了疑问，我就去询问赵景深教授，虽然对我的每一个提问他也不一定都知道得很详细，但他当时就会为我去查找相关资料。

尹：您的戏曲史研究，也是以自学为主吗？

蒋：是的，我是自学的戏曲史研究，但是得到了前辈大师的指点。我撰写的第一批有关《西厢记》的考证文章，约有二十余篇，全都请赵景深看过的，有一部分他还帮我做了重大修改。惜乎1984年冬他病倒了，从此身体欠佳，目力也欠佳，我就不好再去麻烦他了。第二年，赵景深辞世。从此，中国戏曲史的学习研究，我也就完全依靠自学了。其后再写戏曲史论方面的稿子，写完之后，自己宁肯多改几遍再发出去。

尹：在您的学术研究中，除了赵景深这样的前辈大师，您曾经说也得到过一些志同道合的伙伴的支持，您可以具体讲一下吗？

蒋：是的，我的学术活动是得到了一些志同道合者的大力支持。比如我觉得在我的学术研究活动中，写出来的文章最终是否得以发表，也是重大的关键的环节。中华书局上海编辑所，即后来的上海古籍出版社，他们的前任社长李俊民和随后担任社长的钱伯城，都曾经在《中华文史论丛》发表了我一大批《西厢记》的考证文章。

上世纪80年代，我把历年研究的心得写出来，文章便十分多了。老上级刘厚生向冯其庸进行介绍，冯其庸看了《从佛教文献论证"南海水月观音现"》等四五篇，觉得还不错，也就被认可了。随后，他向宋振庭主编的《社会科学战线》做了推荐，在这个刊物也发表了很多篇。

当时这两个刊物属于全国学术刊物中最知名的两家，后来我开始向许多大学的学报投稿，也都很顺利。但北京《文物》杂志、广州《学术研究》等杂志或许另有用稿标准，虽然我一再投稿，却始终没有用我一篇文章，篇篇如石沉大海。

还有，改革开放之初，《光明日报》一度恢复《文学遗产》版，其主编史美圣是比我小二十几岁的中年人。他主动约我写了不少篇幅较短的学术论文。这些文章我写起来得心应手，对我的学术研究也起了一定的推动作用。

尹：在您的学术道路上，有没有遇到过令您不开心的人和事？

蒋：当然有，在我的学术道路上，除了诸多应该永远感激的、对我帮助较大的师友，确实还有那么几位，他们的一些做法使我颇为伤心。譬如他们多方面掠取我研究戏曲史的成果，就让我伤心了。有两部辞典，主要是我的劳动，有些人一字未写，却还非得署名主编，或署常务编委第一名不可。京剧表演艺术家周信芳亲手把《追韩信》原稿交到我手里，同时还把田汉的几条意见交给我，要我替他拿主意为之定稿，然后由戴不凡编辑出版。虽然在1955年《周信芳演出剧本选集》由中国戏剧出版社出版时，后记中注明此剧由"蒋星煜协助整理"，但"文革"以后，这一劳动成果也被人掠夺了。我也没有多去过问，觉得他们固然可恼，也够可怜。类似于研究周信芳表演艺术的成果，往往就是这样被人占有，他们使用的具体做法就是在以我为主所编著的书上，加上他们的名字，而且要求放在第一位。为了达到自己的目的，就诬陷我有所谓的"历史问题"，以为这样我就不敢吱声了。有一次我忍无可忍进行了抗议，但后来，这种事情还是时有发生。

尹：您好像说到过梁漱溟先生对您学术研究的鼓励作用，请您介绍一下。

蒋星煜：梁漱溟先生对我的鼓励，至今使我特别感动，也令我难以忘怀。我的第一本学术著作《中国隐士与中国文化》出版的时候，我还是一个毛头小伙子，而他已经是著名的哲学家、教育家，是在国内外享有盛誉的学者。但是，这样的一位老前辈，还在论述中国文化的专著（《中国文化要义》，作者注）中，专门评论了我这个比他晚两辈的小青年的一本书，并且作了恳切的批评，他在批评中认为隐士是中国文化的第十四个特征。所以，我在九十岁时再次学习了他的著作，也对当年写的《中国隐士与中国文化》作了反思，还为此书写了《补编》。梁漱溟先生的大师风范，对我影响巨大。

尹：蒋老，请您介绍一下您是怎样对《西厢记》、《桃花扇》产生兴趣的。

蒋：我从小在外祖父教导下接触中国古典诗词，对中国传统文化中的唐诗、宋词、元曲爱之甚深。元曲中的散曲是我的最爱，自幼朗朗上口的就有马致远【天净沙·秋思】的"枯藤老树昏鸦，小桥流水人家，古道西风瘦马。夕阳西下，断肠人在天涯"，以及《牡丹亭》的"原来姹紫嫣红开遍，似这般都付与断井颓垣。良辰美景奈何天，赏心乐事谁家院"。剧曲中我最喜爱王实甫的《西厢记》，明人曾经说，"旧杂剧，新传奇，《西厢记》天下夺魁"。的确，王实甫的《西厢记》文采、意境之美，都使人沉醉。

新中国成立之初，在华东戏曲研究院担任领导的伊兵布置我为吕瑞英、金采风、张桂凤以及导演黄沙担纲的《西厢记》剧组作了一次讲座，从《西厢记》的时代背景、人物关系、性格结构、故事特征以及矛盾冲突等讲起，着重对《西厢记》剧组人员讲解作品文本和作品背景，尤其是作品情节和人物。这是华东戏曲研究院排戏时绝无仅有的一次学术活动，恐怕也是最初的一个尝试。这个讲座原来的目标是帮助剧组人员认识和理解剧本，后来效果超乎预料，甚至对我自己也有一些促进作用，从此，我也开始有意识地比较深入地研究这个作品。

尹：蒋老，我注意到您的戏曲史论研究总是把艰深的理论做生动化讲述，想听听您在《西厢记》研究中的直观感受。

蒋：随着我对《西厢记》研究的推进，我发现了一个现象，就是后来一味抬高关汉卿的《窦娥冤》，可能是出于政治环境和当时形势的需要，但并不完全符合中国戏曲史发展的实际情形。至少，因为《窦娥冤》传世的明清版本只有两个，而

《西厢记》的明刊本有六十多个。

而且在欧洲，《西厢记》的译本或摘译本，无论英、德、法文也都有一大批，这些年西方国家对《西厢记》改编上演的也不少。

我觉得作为中国人，应当为唐诗、宋词、元曲的成就而感到十分自豪。但是我也发现在《西厢记》的研究者当中，王季思、吴晓铃诸位前辈都只接触了《西厢记》的四五个版本，可惜都未能深入下去。尤其国外的译本都存在一些问题，他们都没有译比较接近元本的弘治岳刻本。于是，我下了决心，对《西厢记》的版本作更加认真的探索，而且告诫自己为此不惜付出任何代价。但是，因为当时行政工作太忙，天天晚上要看戏，还要向领导汇报。"文革"结束以后，终于摆脱了行政工作，天天晚上看戏的生活方式不再延续，有了大块时间作更深入的研究，并写出一篇篇论文，了却平生最大心愿。终于看到自己喜欢的事情一件件做出来，这令我感到非常的欣慰。

尹：您对孔尚任《桃花扇》有什么直观思考呢？

蒋：对于《桃花扇》的直观思考，我曾经写过一篇《孔尚任、陈文述确认"桃花扇"为宫扇》的文章，考证了《桃花扇》中的"桃花扇"究竟是一把怎样的扇子，形状是圆的还是扁的，"桃花扇"与剧情、与人物、与思想艺术有什么关系。这个问题绝对不是一般人所认为的那样"小题大做"或者是什么"剑走偏锋"，"桃花扇"作为全剧最重要的一个道具，它的作用绝对不容小觑。因为如果是折扇，不使用时会折叠起来，扇面不会展开，所以，后来李香君一头撞在楼柱上时，鲜血也就不会飞溅到扇面之上。因此，这里的"桃花扇"就不仅仅是侯方域和李香君相爱的信物，更是女主人公李香君民族气节和爱国思想的一个寄托，它更因此成为全剧主题思想的一种象征。当然，对《桃花扇》，我最主要的研究心得是孔尚任内心的矛盾，既对康熙的重用感激涕零，又觉得身为孔圣的后裔如此违反"夷夏之大防"而内心不安。他一生充满矛盾，既要写好《桃花扇》，又觉得对侯方域无论如何处理都不妥帖。

在这里，我其实也想强调的是，考证是研究古籍文献最基本的方法，是社会科学文史研究人员做学问的基本功。我们文史研究领域的许多重要成果，其实都是源自详实的考据、论证。

## 苦难中的营养

尹：蒋老，您一生遇到的第一个人生劫难应该是抗日战争了，您对此有什么思考呢？

蒋：不论在当时还是今天来看，就人生的起伏遭际而言，抗日时期的奔波流离都是最为痛苦的事情，恰恰因为"多难兴邦"，面对异邦入侵，人与人之间的亲切、坦率无与伦比。中华民族在最艰难的时候，体现出了同胞之间最真挚的感情，血浓于水，大家萍水相逢却亲如父母子女。所以说，这是代价巨大的人生经历。

尹：抗战时期，您在重庆认识了一批文化大家，对他们有什么印象呢？

蒋：我在重庆认识的一批文化大家之中，如陈望道、孙伏园、老舍诸位前辈，以前我与他们都素不相识，也没有人为我和他们之间做一个介绍。对于我这个当时的小青年，他们不仅在做学问的事上有问必答，而且生活上也对我关怀备至，我一直相信，这就是所谓的大家风范。

我认识的知名作家还有一大批，此外还有一批优秀艺术家，如舞蹈家吴晓邦、著名电影导演孙瑜、著名演员金山、张瑞芳等。当然后来因为孙瑜的电影《武训传》，我还吃了不少苦头。重庆时期结识的一批作家、艺术家，一些上面做了介绍，另外还有一些，认识以后觉得共同语言不多，或者因为时间安排等客观原因，以后便没有再去打扰。

我那时候在重庆，还认识了一批国民党的文化人，如李辰冬、王进珊等等，不过他们当时也没有硬要我去宣传"三民主义"，我和他们还算能友好相处。

尹：解放后，您经人介绍进入上海军事管制委员会文艺处，当时主要做了哪些工作？

蒋：解放后，我因为觉得自己是复旦大学会计系肄业生，原本想进入民族资本家的企业工作，大概觉得那也算是实实在在的一份工作，但是战争风云甫过，很多企业的规模都在压缩，一般很少录用人员，因此也未能如愿。

后来我经人介绍去了上海市军管会文艺处，在文艺处的剧艺室工作。剧艺室的主要业务工作是搞戏曲改革，对这一种文艺类的工作我当时毫无思想准备，一来自认为自己过去的经历比较复杂，二来是我自己对于地方戏曲艺术也并没有多大兴趣。再说，个人也觉得，属于意识形态的工作对我可能是很不适宜的。

尹：在文化局剧艺室的工作，您曾经谈到过几个人，一个是伊兵，另一个是钱英郁，还有一个屠岸，当时是什么样的情形？

蒋星煜：伊兵是我在剧艺室的领导，他一直很帮助支持我。刚到剧艺室的时候，剧艺室领导派两个人来和我谈话。一位是 1949 年前曾任上海地下党戏剧电影支部负责人的钱英郁，钱英郁中学时期即与几位同学创办"青钟"剧社，后来考入"上海剧艺社"，做了多年话剧演员，也有一定的理论水平。另一位是1946年肄业于上海交通大学的屠岸。屠岸翻译过莎士比亚、济慈等诗人的不少诗歌，他自己也是写诗歌的，而且外文程度当然也相当不错。他们向剧艺室主任伊兵做了汇报，伊兵果断地决定让我进剧艺室。

但在剧艺室中，像伊兵、钱英郁、屠岸这样文化程度的毕竟是极少数，其余有的革命历史虽然很长，但往往文化程度却不太高，再说我自己也许是有一些毛病，比如所谓狂妄自大啊什么的，所以也经常被批判。有时文艺处剧艺室也会开一定规模的批判会"帮助"我，但伊兵一直对我的工作充满了信任，他从不参加这种批判会，继续放手使用我。

我从心底里对伊兵感激万分，因此，他对我的任何批评我也都能够接受。

尹：您在多年所从事的文化工作中，与上海文艺界一批人物如徐平羽、黄源、孟波、伊兵、李太成、袁雪芬等，都有过工作上的密切接触，交往当中，有哪些难忘的回忆，您对他们有何评价？

蒋：你说的这些人物，其中有几位在前面的访谈中我都已经提到过了。有的在后面的访谈中也可能会提到。他们作为上海文艺界的著名人物，都为上海的文化发展做出过重要的贡献，这些大家也都是有目共睹的。在这些方面，我更是有着切身的感受。当时孟波作为上海市委宣传部副部长兼文化局长，来往上班都骑自行车，不用轿车，尤为难得。还有李太成，当时文化局一些人一直在纠缠我的所谓历史问题，李太成进文化局后，正式宣布我的情况已经查清，称我为"同志"。而且，李太成出去找剧团谈戏，也向来不找别人，径直要求我和他同去参加。

我至今对我遇到的几位好领导心怀感激，他们没有让我担任过多的行政职务，而且他们也都大力支持我全身心地进行学术研究，最使我感激的是，甚至有了问题，他们也会主动替我分担。如关于《武训传》，我写了歌颂文章，后来又应报社之约，写了《南包公海瑞》、《李世民与魏征》。如果不是他们这些人的帮助，有些罪名我一个人可能都扛不过来。这么多年过去了，他们的所作所为，都让我觉得难能可贵。

尹："文革"期间，您受到很多不公正待遇，但您的人生态度依然豁达，这种心态如何养成的呢？

蒋：我小时候听参加过"太平天国"的老长辈说，"太平天国"杀了许多地主、官僚，其中一部分人是知识分子，某些不是地主、官僚的普通书生，竟也在"太平天国"运动中被冤杀了。所以，很多这一类的历史史实让我觉得，中国历史上的知识分子其实都是很可怜的。我看陶渊明的《桃花源记》，很多人只看到豁达和悠闲，我却发现了其中差不多到了极点的悲观情绪。你看，《桃花源记》里，"豁然开朗，土地平旷，屋舍俨然，有良田美池桑竹之属。阡陌交通，鸡犬相闻。其中往来种作，男女衣着，悉如外人。黄发垂髫，并怡然自乐"，真是仙境一般，但是其中却没有一个字提及所谓知识与文化，也没有出现一个读书识字的人。其实，他的意思就是知识只能带来灾难，只能给人痛苦。

我出生在现代中国社会动荡变迁的时代，年轻的时候赶上了日本人入侵中国，后来又遭逢国内战争，以后还碰上了"十年动荡"。但是，我既然有些知识，也就一定不会昧着良心说假话，因此，我被作为"臭老九"批斗时遭遇更惨，还因此被打落了全部牙齿，甚至于家破人亡，也就不甚稀奇了。

尹：蒋老，"文革"给您带来的冲击其实是巨大的，几近家破人亡，您如何从冲击之后看到希望呢？

蒋："文革"期间，我的家人、亲友，许多学者、作家遭到不幸，我当然伤心。你也知道，我的爱人也是因为在特殊环境中难以承受不公正、屈辱的对待，以至于丢了性命，这当然让我感到无比痛心。但是，也正因为我知道，类似的惨剧在中国历史上曾一再发生，我也从书本和获取的知识中早早就感受到了许多类似的事件，所以我的震动会比一般人略微小一些。对于我们国家，我仍旧十分热爱，因为这是我的祖国啊，我热爱唐诗、宋词、元曲，我爱方块字。我甚至做出一个决定，在任何情况之下，我都不会跑到国外去做外国人。

不过，对于我们的国家，我倒是也担心过，我是担心外国人也许会乘机大规模入侵我们国家，那才是真正到了国破家亡的最危急时刻。至于"四人帮"的统治，我更多是觉得非常荒谬，我知道这几个小人是无法也不可能长期统治中国的。但是，我也没有预料到猖狂一时的"四人帮"崩溃的速度是如此之快。

尹："文革"强加给您的罪状，其实和许多知识分子一样，都是因为文字而起，您觉得这些"莫须有"的罪名仅仅是个人的灾难么？

蒋：因为凭着良知说真话，写了几本关于海瑞的书，在"十年动乱"中的确被折磨得濒临死亡，冥冥之中，我也曾经苦苦思索过所谓"走对与走错"的问题，也曾经扪心自问："我是怎样一条河流呢？"1969年，我经济上陷入绝境。在奉贤"五七"干校养猪，冬天零下8度，我只有钱买一条四斤重的被子，半垫半盖，常常冻得半夜不能入睡。冬天在肖塘公社参加劳动，脚上穿了夏天的塑料凉鞋，一个农民笑得在田里打滚。但这是我唯一的一双鞋了，也只好让大家笑呗。因此，痛定思痛，我一直认为，个人的一切经历，既是包袱，也是财富。我极少写这方面的回忆，让读者愉快些吧。何必再写这些悲惨往事呢？

这些也当然不是我一个人的灾难，那个特殊时期，整个民族都处在灾难当中，庆幸的是，我们都走出来了。

尹：蒋老，那段时期，其实有很多痛苦是很具体的，对么？

蒋：是的，很多痛苦不局限于精神层面，的确是具体的。集体良知的丧失，是最让人心受伤的。那时我从干校调到上海制药八厂，经常是做全夜班。伙食本来就没有什么油水，常常是干了一天活，到了半夜十二点钟，人早已经支撑不住了，总算熬到了吃夜点心的时间，可是到了食堂，总是有一个工人把我的二两饼抢去吃了。他不但抢了我的饼，还要大声责骂我，呵斥我说："牛鬼蛇神还想吃夜点心吗？"我只好一声不吭地退了出来。事后我知道了这个抢我的饼吃还要责骂我的工人的名字，但是，时过境迁，我就不把他的名字说出来了。

难以想象的是，工宣队、军宣队对我倒还可以。但有些事情总难以忘怀，例如，我那时候自己觉得与环境格格不入，是被批判的对象，因此，每次在上海市文化局本部开完"批斗会"，总是被规定要低着头走出来。一次，我正低头往外走，一位女同志拿着一大把筷子砸在我的后脑勺，还大声斥骂："你的眼睛里还有人吗？"我的记忆力本来是很好的，这一次，被她用一大把筷子这样猛砸后脑勺，使我的记忆力大受影响。后来我也知道了，此人是一名科员，后来别人看不下去，悄悄把她的名字也告诉我了，这里我也不说出来了。可是，我从来没有得罪过她啊！

尹：蒋老，今天再谈起那些痛心往事，我觉得您已经很释然了。

蒋：在那个年代，为了这样两件事，我的确感到很痛心过。这两个人既不是张春桥、姚文元等"四人帮"里面的大人物，完全是两个普通的老百姓，在那样特定的环境下，竟也完全丧失了做人的良心。每每想起来，我都会感到惊惧不安，这个运动确实把人性情中善良的部分都给改变了，这些曾经发生在我们身边，发生在我们国家社会里的事情真是太可怕了。

尹：有关海瑞的研究，对您的影响早已经不限于学术范围，甚至一度使您成为全国范围"大名鼎鼎"的人物，今天事实已经很清楚了，您自己现在还有什么需要澄清的吗？

蒋：历史人物中，我对刘基（刘伯温）、都穆（都元敬）、陈继儒（陈眉公）等明代人物的确很感兴趣，但是从来没有想到过要去研究海瑞。当时，昆曲《十五贯》的演出效果很是轰动，上海市文化局的领导李太成就要我挖掘比《十五贯》更加生动的有关清官的历史题材，我想了想，才决定去研究海瑞的事迹。我研究海瑞，也是从坐冷板凳开始，大约用了两年时间，完成了人物传记《海瑞》的撰写。1957年，在全国"反右"大流潮中，我撰写的《海瑞》一书在上海人民出版社出版。那个时候，我竟然没有因此被划入"右派"行列，是一件咄咄怪事，至今也仍然是个不解之谜。

我因为写了这本《海瑞》传记吃了不少苦头，甚至差点丢了性命，其实这也不过是李太成交给我的工作任务而已，自己尽管吃了这么多苦头，但我也不会埋怨李太成，因为李太成自己吃的苦头也不少。

我唯一想要做些澄清的，是其实我本身对海瑞这个人物没有多少兴趣，所有著作、文章都是各级领导、多家报刊要求我，甚至是再三逼迫着我写就的。后来，好像是一直到了1959年，是毛泽东主席提出来，要大家学习明代清官海瑞的刚直不阿、端正清廉的精神，海瑞这才翻了身，也一下子成了大热门。于是，我这里的情况也一下子来了个大逆转，关于海瑞的小说、戏曲、文集版本研究等各种约稿也自然就多了起来。

尹：蒋老，有关海瑞研究，您自己一直是聚焦学术范畴的，后来发生的很多事情是当时始料未及的，对吗？

蒋：海瑞研究在当时发生的许多事情，确实是我始料未及的。作者吴晗作为明史专家，严格地讲他对海瑞的研究显得比较草率。那本《中国历史小丛书》中的《海瑞》以及其他文章都有不少差错，当时我还写了文章予以批评，我把文章寄给《新观察》杂志社，他们拿去请吴晗先审阅，却被吴晗压下来了。吴晗还写了一封信给我，对我在文章中所提出的问题都做了答复。信中也说到他对海瑞文集的版本"没有十分下功夫"。而且，他由于受一条不够确凿的材料的影响，把海瑞曾任"兴国知县"一职误作"兴国州通判"，我提出质疑以后，他重新核对，也就改过来了。因此，他的实事求是的、谦虚谨慎的学风我以为是很值得学习的。当然，我的稿子《新观察》杂志最后也没能发表，但也没有把稿子退还给我。我认为这种学风是有问题的。

后来《文汇报》连篇累牍地讨论姚文元那篇文章。有一次召开会议进行讨论，我和到会的学者、专家一样，也不认为吴晗在政治上有什么问题。但是，在这次会议上，我又一次提出吴晗引用的史料不够确切，并说如果查查谈迁的《国榷》一书就知道了。后来，我发现姚文元的文章就根据《国榷》做了些修改。

**尹**：海瑞研究，原本可以是一个学术范畴的事情，只是因为"文革"的特殊氛围，才搞成一个轰动全国的政治事件，是这样么？

**蒋**：是这样的，这也可以说是"文革"带给学术研究的一场闹剧。这也不是个案，1966年"文革"开始后，一时间各个领域笑话百出。事实上，纵观海瑞的一生，遭逢罢官也绝对不止一次，吴晗写的是海瑞第二次遭逢罢官。本来是发生在明代隆庆年间的事情，但一拨大批判者却一口咬定是嘉靖皇帝罢了海瑞的官。其实，嘉靖皇帝罢了海瑞的官，那应当是第一次，前后相距三年之久，大批判者张冠李戴了。但是，身处于当时的政治环境之下，我当然没有办法出来加以纠正。

更滑稽的是，当大批判运动如火如荼地燃烧起来之后，北京方面竟有人在挨批后，抱怨为什么不先追究蒋星煜的罪责？事实上我自己很清楚，我根本没有主动宣传、鼓吹过什么海瑞精神。我写《海瑞》是1955年李太成布置的任务。上级的命令，我只能照办。但是，情况的发展很是惊人，很快，我被批斗，这些情形不知道邓拓、吴晗他们是否知道。当然，在那场惨无人道的大运动中，他们的遭遇则更加悲惨，这些情况，我也是"文革"结束才知道的。

## 读万卷书　行万里路

**尹**：上世纪80年代，您应邀多次去各地讲学，您觉得外地讲学是您传播艺术文化的一个重要途径吗？

**蒋**：受邀请到各地去讲学，在精神上是很愉快的。我曾受邀先后到南昌、长沙、昆明、济南、金华、曲阜、临汾、苏州、台北、银川、福州等地讲学。可以说明的是，这些外地朋友邀请我前往讲学，并不是因为我是什么会长、主席、主任，而是看到了我的论著、文章才邀请的。

我讲的不仅是戏曲，涉及话剧、西方戏剧的也有一些讲学安排。这大大出乎邀请者和听讲者的意料，所以在我的讲学现场，提问题的听众很多，场面往往很活跃。一般这个时候，我尽可能回答详尽些。即使时间超过一些，他们也很愉快。

每一次外出讲学，都受到了听讲者（编剧、导演、演员）的热烈欢迎。当时的惯例是讲学一般都不付报酬，事后就请我到附近的名胜古迹旅游一番。因为受邀请讲学，我游览了很多地方，也写了一些游记，这些游记的大部分后来都收入了我一本叫做《山水对人性的折射》的书。这些游记发表以后，还被一些专家学者称赞为学术之游和艺术之游（如姚品文赞美的），当然这是学者们的鼓励之词了，但是，这些游记，确实也都是我的有感而发、肺腑之言，从这个意义上说，也是获得了加倍的收益。

尹：蒋老，在您的多次外出讲学中，印象比较深刻的有哪几次？

蒋：1986年秋天，我应山西师范大学的邀请去讲学，结束之后，因主办者得知我和王季思教授都在《西厢记》研究上下过一些功夫，就安排王季思教授和我从临汾南下永济，访问《莺莺传》和《西厢记》故事产生的地方——普救寺。当时，主办方建议我们沿着《西厢记》剧中张君瑞当年进京的旅程，作一次追踪式的巡礼。说起来也是十分有趣，在那个天气晴朗的下午，我们从普救寺出发，所区别的不过是张君瑞当年走的是驿道，我们走的是公路，时间也相距了千年之久。但是，由于正是暮秋时分，时间也同样是在下午，而且虽然走的是公路，车子却非常稀少。所以，这一次考察，仍然显现出王实甫笔下的"落日山横翠"和"夕阳古道无人语"的气氛，使我对《西厢记》的文学造诣钦佩之至。这样看来，实地考察得来的感受，是在书本里读不到的。

后来我们离开了永济县的普救寺，还前往关羽的故乡解州，去专程考察了全国最大的关帝庙。这一次从关帝庙出来，心中很多长期的疑团都一下子解开了。关羽的形象如何，关汉卿的形象又如何，正是因为缺乏确凿的第一手材料，他们的可塑性本来就很大，艺术家的想象力应该可以在这里发挥一些效能，这也是那次参观考察给我的一个启示。

还有一次是1991年，我曾经利用到曲阜师大进行关于孔尚任和他的《桃花扇》学术交流的间隙，与几个同行一道，专门驱车拜访了曲阜城东的少昊陵。少昊原来是传说中轩辕氏的儿子，曾经在山东曲阜建立都城，他也就是中国历史传说中"三皇五帝"的"五帝"之首，据说他还政绩斐然。我们很早就到了少昊陵，当时少昊陵还没有开门，我们就趁着那个机会悠闲地欣赏晨曦中陵园四周的景色，听着忽远忽近的鸡犬之声，久居大都市上海，当时感觉也别有一种乐趣。

后来我还想过，少昊陵之所以可以称为"金字塔"，至少应该有三个方面的依据：一是少昊本身就被称为金天氏；二是女真人的始祖有人考证为其子，但也有人上推到少昊的；其三则是每一个斜面都呈三角形，确实形状近似汉字"金"。几位同行者当时也都同意我的意见。中国的文史典籍和现代的一些游记散文都很少提到曲阜的金字塔这一奇观，一谈到金字塔，都只提埃及的法老陵墓。其实，埃及的法老陵墓虽然比少昊陵更古老也更宏伟，但用埃及文字去象形，却不是"金"字。而我们此行看到的曲阜少昊陵，虽然从时间上要比埃及的金字塔晚四五千年，但和埃及金字塔一样，都是用同样大小的石块堆砌而成，或许是受了埃及金字塔的影响而仿造的吧，因为用我们的汉字去象形，它却是当之无愧的金字塔。

所以每一次受邀请外出讲学，于我，既是给别人讲授知识，同时也是一次吸收和补充，而且这种外出吸收补充的机会，往往也是自己坐在书斋中无法得到的。所以，那些年的这么多外出讲学，都给我留下了极深刻极好的印象。我一直认为，这是一种很好的传播艺术文化的途径，似乎现在也更广泛地在流行了。

尹：蒋老，您多年兼任华东师范大学、上海师范大学等学校的兼职教授，也在上海戏剧学院多个院系多次开设课程，您在参与授课和指导研究生的过程中，对于中国戏剧文化的传承，对于戏剧文化和戏剧研究如何向纵深发展，有怎样的体会？

蒋：我觉得古典戏曲的研究大发展过程值得注意。老一辈大师从事挖掘、考证，已清理出许多辉煌的遗产，王国维、任二北等人的著作学术含金量很高，我也在这方面做了不少工作。如对辽代戏曲的研究，我下了很大的功夫，梳理了一些不够清晰的史实，查证了一些以讹传讹的观点，也的确算是开了一个头。

因为挖掘、考证既要有一定的文史哲知识基础，研究者又要花大力气花时间，还要耐得住"十年寒窗冷"的长期寂寞。所以，长此以往，尤其是在如今社会喧嚣复杂、各种诱惑又极多的情况下，大多数人就不愿意去做了。

而领导上往往也只追求戏曲的思想性、艺术性，戏曲的研究不再是文献学的学术工作，而是文艺学里注重实践的评论、分析了。加上现在不再过多强调戏曲的教育功能，而只谈观众的感受、社会的接受程度，于是就又成为文化学了。

对此，我都不反对。但戏曲遗产极多，不发掘，不考证，那是很可惜的。

事实上，中国戏剧艺术虽然在渊源上可以上溯至春秋战国时代，但是到了元代前后，也就是13世纪、14世纪前后，这才产生了文本比较完整、表演艺术逐渐形成体系的用南曲演唱的南戏和用北曲演唱的杂剧，因此中国戏剧的传承是潜在的、民间的，中国戏剧史论的发展起步是比较晚的。

尹：蒋老，您觉得此前国内戏剧史论研究呈现什么样的状况？

蒋：从戏剧史论研究的角度看，元代有周德清的《中原音韵》、钟嗣成的《录鬼簿》、夏庭芝的《青楼集》等，都是承载着戏剧传承任务的初期的戏剧史论著作，但他们的优缺点都很明显，优点是史料性比较强，缺点是理论性不够，而且数量终究有限。到了明清两代，出现了王骥德的《曲律》、潘之恒的《鸾啸小品》、李渔的《闲情偶寄》，这才具备了中国戏剧理论的内容与形式。但是，由于在传统观念中，戏剧始终没能和诗、词、文论等取得同样的被重视的地位，而是被列为不登大雅之堂的"小技"或者"小道"，所以一直缺乏科学的戏剧文论，也就是依然缺乏系统科学的传承。

前面我们谈到了王国维、吴梅、任二北、郑振铎、钱南扬、赵景深诸位大师、专家做了许多工作，奠定了中国戏剧文化传承的史论基础。但是，由于20世纪前半叶战争不断，学术研究的客观条件也比较欠缺，各个地区、各个单位所拥有的学术资源、学术信息不能充分交流，不能共享，也致使他们的传承留下许多空白。

同时，在纪念国外莎士比亚等戏剧大师，国内关汉卿、汤显祖等剧作家的过程中，我也清楚地感觉到，这些大师他们所处的时代，他们那些伟大的剧作，都不是以演员为中心的，真正以演员为中心的戏剧时代，在中国，从梅兰芳开始。

后来在与上海市文广局艺术总监马博敏交谈的时候，我说，上海居然没有一本像样的周信芳传记，这是很遗憾的事情。我虽然应《光明日报》之约写了两篇研究周信芳的文章，但其实我还不是周信芳研究会的会员。作为海派戏剧的代表人物，上海戏剧研究领域对于周信芳的研究，其实还有很宽阔的领域需要开拓。

所以，在条件许可的情况下，我始终以为，在展开创作、评论的同时，填补一个又一个空白，不断地挖掘、考证，才能使中国戏剧文化比较完整地传承下去。

尹：蒋老，现在上海文化界尤其是戏剧文化界的许多人，都曾接受过您的教育，也可以说很多都是您的晚生辈，我们一直对您在学术之外有一个深刻的印象，就是人生态度的达观，这也是现代人越来越稀缺的一种品德。其实您的一生充满了坎坷，有一些遭遇甚至不是常人所能承受的。我们都想知道您这种达观态度的由来。

蒋：对于人生，因为许多事情的发生无法预料，许多事情不由你自由选择，所以只能冷静对待。我年轻的时候，曾写过羡慕庄周的奇遇，在梦中化身为蝴蝶而翩翩起舞，全然忘记世俗的烦恼与欲念，进入物我两忘、虚无缥缈的超脱境界，这是一种何等的幸福啊。

所以，看开些想开些，一直是我对自己人生最基本的要求。说到那几位一直想千方百计侵占我劳动成果的人，我当然没有好感。但是，我有时又觉得他们这样做人其实也很辛苦，够可怜的。

我自己以为，我的为人谈不上悲观与乐观，也谈不上什么达观。但是，感到心安的是，我这一生后悔的事情不多，基本上没有说过假话，自然也就活得轻松一些了。

我现在年过九十，平日里，一杯绿茶在手，生活起居和一些重要的学术活动，包括交流呀出版呀，都有身边的几个子女照顾安排，他们都很尽心尽力。平时我自己在写作之余，会听听"长亭外，古道边，芳草碧连天"等歌曲的唱片，一切得失、悲欢都不再纠结于心，再也没有任何遗憾。

至于所谓"坎坷"，中外古今许多才华盖世的文豪、许多风华绝代的美女，都在所难免，有的遭遇极惨。我这样的人，这些经历，相比之下，算不了什么。或者说，已经是比较幸运的了。

有的人学术上或创作上颇有成就，但毫无知名度，甚至还承受了莫大的委屈。有的人实在没有什么像样的作品，甚至没有作品，却成了文化名人，经常在报纸、电视等各种媒体上亮相。虽不公允，但长期以来，这些现象却一直存在。因为学术与文艺的成就不能像田径运动员的成绩那样用数字来表明，也许，"存在就是合理"吧，有什么办法呢？

# 艺术传评

　　我没有出生在上海，但是，我正式的文字生涯却是从上海开始的。我从1938年在上海的《大英夜报》、《中美日报》开始写稿，一直到2014年上半年为止，大概写了两千多万字，结集成为单行本的，也不少于六十本。

　　因此，我感念上海，上海是我文字生涯开始的地方。

——蒋星煜

# 第一章

# 故乡的哺育

溧阳是我的故乡。从前是镇江专区的一个县，如今是常州下面的一个县级市。这里民风比较强悍，至今还留着唐代以来不少文化名人的遗迹。溧阳山水环抱，茂林修竹环绕着长荡湖（又名洮湖），一年四季烟波浩淼，自然风光很是不错。

对我一生起了莫大影响的是我的外祖父，性格倔强的前清秀才孙汾卿。

可以说，没有他，也就没有我的文艺生涯。

——蒋星煜

## 一、故乡如诗亦如梦

古城溧阳，地处江苏、浙江、安徽三省交界。这里盛产大米和茶叶，历史人文的积淀也不容小觑。唐代诗人张旭在此做过县官，大诗人李白的来访给溧阳留下了太白楼，南宋著名词人陆游的后人也在此主政一方，清代出过状元马世俊、宰相史贻直。近百年来，溧阳还出过有正书局创办人狄平子、经济学家狄超白、著名散文作家菡子等文化名人。无论是物资出产还是人文积累，溧阳被称为积蕴厚实之地，都不为过。

1920 年 9 月 11 日，是庚申年地藏王生日，蒋星煜诞生在溧阳县城长富亭大巷。公历 9 月 11 日，按农历算是七月三十日，但是，很独特的是，按中国的农历计算方式，有些年份七月有三十日，有些年份就只有二十九日。所以，这一天出生的蒋星煜，如果要过农历生日的话，某些生日就得提前到二十九日过。当时正值中国社会的现代转型时期，家人不仅记了他的农历生日，也记了他的公历生日，从这里也看得出家人对蒋星煜的宠爱。

溧阳城很小，用现在的标准算是紧凑型城市。当时溧阳的东门、北门算是住宅区。所谓溧阳的大家族彭、马、史、狄就住在北门，有几家的宅子里还有亭台楼榭，虽然比不上《红楼梦》里的大观园，但是也算具有了相当规模。而且，溧阳城里大部分是青石板铺就的街道、曲巷，还有那些隐蔽在桐荫、槐荫之下的幽静闲适，都给蒋星煜留下难忘的印象。这种淡淡的绝无喧嚣的环境，以及蕴含其中不着痕迹的传统情怀，儿时起，就塑造着蒋星煜一生冲淡的个性。

蒋星煜的父亲蒋校生出生于 1886 年，也就是清光绪十二年。在四兄弟当中，他皮肤最白，个头最矮，平日间斯斯文文，话语不多，性格有些内向，很少和别人坐在一起畅谈。

清朝末年，溧阳的新派人士集资办了一个尚志学堂，课程之中既重国学，也有西方引进的声光化电等自然科学内容。学堂的学制有点特殊，要超过普通高小。后来由于无法与南京、苏州、上海的学校接轨，尚志学堂办了不长时间就停掉了。

蒋校生就是尚志学堂的第一批毕业生，而且学习成绩排名第一，在溧阳当地很有一些知名度。蒋家有一个和一般旧式家庭不同的传统，就是很鼓励子弟去山南海北闯荡一番。蒋校生的一个堂兄早已去了山西，并且在太原站稳了脚跟，与山西政界有了千丝万缕的联系。清末宣统年间，蒋校生经过这位堂兄的推荐，不远千里来到山西省雁门关外的朔县，做了一名刑名师爷。那一年，他只有二十多岁。

辛亥革命之后，山西朔县一带秩序非常混乱，蒋校生坐了运煤的小船逃出山西，然后再绕道回故乡溧阳。不久之后，又从溧阳出发，去了东北，在沈阳、抚顺、大连一带做事，最后到了哈尔滨的东三省官银号，从小职员一直做到总务长。

蒋星煜父亲和母亲的婚姻，也不外是遵循父母之命、媒妁之言了。母亲出自溧阳书院小学第一任校长之家，对此，蒋家基本还是满意的。母亲在农历七月生下蒋星煜，因为天气炎热，这个月子就坐得相当辛苦，但母亲的心里是异常高兴的。她嫁到蒋家第一胎生的是女孩，取名蒋承训，就是蒋星煜的姐姐。那时候医疗水准还不够高，母亲在小产过一次之后，隔了七年，才生下蒋星煜。旧时代的大家庭里，媳妇给家里生下了儿子，是延续香火的头等大事，地位是一下子就要提高许多的。

蒋家的几个妯娌中，大伯母很早就生了大堂兄星德，小婶母也已生了小堂兄星珏，"星"字辈中，蒋星煜五行缺火，故取名为星煜。蒋星煜出生几个月后，星德的胞弟星汉也出生了，因为二伯父没有孩子，星汉从小过继给他，由此也得到了两家人的宠爱。

蒋星煜前面有星德、星珏，此前是称作大哥、二哥的，但他出生之后，却不再沿用这个排行被称为三哥了。因此，他在三四岁的时候，在大家庭不无复杂的琐碎生活中，也是出于儿童对亲情天然的敏感，已然感到处处受到歧视。尤其是在"吃"的问题上的"歧视"，给蒋星煜留下了非常深刻的印象。大伯、二伯、姑妈他们有了南京、上海、杭州的特产零食，都拿给星汉吃，一点也没有蒋星煜的。有一次，星汉捧着一个写了"嘉湖细点"的盒子吃得津津有味，一副眉飞色舞的样子。蒋星煜猜想那东西一定特别好吃。后来，为了满足幼年蒋星煜的愿望，外祖父、母亲既写信又托人四处寻找，可就是始终找不到那盒"嘉湖细点"。

大家庭中的吃饭，是最有意思最微妙的一件事情。在蒋家，是由大伯父和男孩子们坐在一桌，菜由大伯父逐一用调羹或者筷子进行分配，蒋星煜往往会被分配得多一些。二伯父是抽鸦片的，他常常让蒋星煜站在他的床前，一边抽鸦片，一边和这个聪明的侄子天南地北地聊天。或者就让蒋星煜背唐诗给他听，背出来了，就得到他的夸奖。几个兄弟里大哥蒋星德最为喜欢蒋星煜。蒋星德后来离开家乡之后，抗战时期在重庆做了国民党元老陈果夫的秘书，当青年蒋星煜辗转到了重庆的时候，还得到了大哥蒋星德不少帮助。当然，这是后话，当时谁也意想不到。

蒋家大家庭的饮食，多年来都没有什么变化，早饭一般是固定吃泡饭的，就是把隔夜的饭加上大量的水烧开，一直烧到饭粒相当软、汤水比较稠为止。这种隔夜饭往往有一半是锅巴，如果锅巴不太焦，饭就比较香，如果锅巴太焦的话，饭不仅不香，还有些苦味。用来下饭的菜，不外乎就是家里大缸里腌的咸白菜，偶尔有些切碎的豆腐干或者油炸花生米。

整个孩提时代，蒋星煜都居住在溧阳长富亭大巷7号老宅。蒋家在蒋星煜这一代，在长富亭大巷的老宅里至少也住了三四代了。老宅五开间两进，第一进是平房，有四间开阔的大厅，过年过节在这里祭祖宗。大家庭里偶尔有佛事，也在这里举行。另外两个用途则是：每年请裁缝来家里做两三个月的衣服，是在这里；平素请家庭教师来家里补课，也在这里。这里每年春、秋、冬三个季节，夜里一片漆黑，谁都不来。夏天则是另外一种景象，巷子里的纳凉晚会，往往要到深夜才结束，正门就开着，大家从这里进进出出，十分热闹。第二进是楼房，右边伸展出去，又有三间平屋，还有三间作厨房的侧屋。还有一片像鲁迅百草园一样为儿时蒋星煜带来诸多乐趣的园子，其实就是一大片废墟，里面除了自生自灭的花花草草，还有蟋蟀、蜈蚣、蝴蝶、麻雀等昆虫动物，都可以给小朋友带来无穷乐趣。

除此而外，巷子里的各色人家，也给了幼年的蒋星煜对于社会和人生不少的感性认知。大约1925年前后，溧阳城里仅有的两个西医中的一位——林湛荪就住在大巷第一家。在蒋星煜的记忆中，林家门口挂着"西医林湛荪"白底黑字的牌子，时常有躺在门板或者躺椅上的病人抬出抬进。当然，最强烈的记忆来自气味，林家经常飘出一阵阵酒精或者其他药水的气味，而林家的两条洋狗也会不时扑到门口狂吠几声。其他几户还有不知作何职业的二号黄家；有曾经"诗书世泽、泰伯家声"，却到此家道衰落的五号吴家；还有起先租吴家房子门诊行医，随后搬迁的中医师蒋鹤鸣家。

家乡油菜花田里的童年（左一为蒋星煜）

每年农历的六、七两个月的晚上，巷子里两边摆满了凳子、竹椅、躺椅等等。这种松散的纳凉晚会上，天南地北的新闻都能听得到，就像是一个极其生动的新闻联播，带给蒋星煜早期广博的社会新闻。而且，纳凉晚会还传递着乡里邻里之间浓浓的情谊，随便哪家人拎来热水瓶，总会给纳凉的每个人都冲满杯子，夏夜蚊子多，葵扇、蚊香等等也都有人送过来。

顺应着时代大势，长富亭大巷蒋家在风平浪静中从大家庭向小家庭过渡。蒋家虽然在社会上也有一定的地位，但是不动产无论是房产还是地产都少得可怜。房产，其实也就是长富亭大巷所居住的一套房子，虽然原来的旧房子和新翻修的加在一起，也有十多间，但是却一点也算不上气派，仅仅是不十分寒酸而已。加之蒋家人口众多，刚刚住得下，房子并没有富裕。而且蒋家也没有很多田产，至多也就一二十亩地。因此，分家的时候，既不存在分房产的问题，也不存在分地产的问题。

分家以后，蒋星煜一家迁居隔壁的徐家，还有了自家人专用的厨房，蒋星煜母亲在烹饪方面本来就是聪明透顶的能手，现在自己家开了小灶，母亲也就有了施展本领的机会。吃饭，立刻变成了蒋星煜童年时期很美好的一种回味。

从此，蒋星煜不用再像从前那样天天吃泡饭，自己家里有时候就煮稀饭，而且单用煮饭的粳米煮，不掺糯米，煮出来的稀饭也很稠，一家都管这种稀饭叫粥。秋天的时候，就加上一些连藕做藕粥；冬天的时候，有时候就吃红枣莲心粥。

这个时期，家里吃的"炒米"给蒋星煜留下了很美好的记忆。那是每年冬天，母亲把糯米淘洗后晒干，然后干炒变成的一种食物原材料。炒米的吃法很多，一种是先让爆米花的小贩爆一下，让它先膨化了，然后再让小贩用麦芽糖加工，制成炒米糕、炒米团。蒋星煜和姐妹们很喜欢炒米团，他们称之为"欢喜团"。他们把刚炒好的米冷却后立刻装进坛坛罐罐或者饼干桶，尽量让它不透风不潮湿，保持干而且脆。每天早上，冲泡一碗做早饭，比泡饭要可口许多。

自己家开了小灶，蒋星煜是非常开心的。早饭的主食从天天吃泡饭改为稀饭以及面食，早饭的小菜也换成母亲自己做的。早饭换个口味总是好的，何况还是质量明显改善。咸菜、腐乳，母亲也都能自己做，而且味道很不错。蒋星煜还记得母亲做的腐乳是本色的，颜色并不红。另外，午饭的时候，再也不必像在大家庭吃饭那样，常常需要饿着肚子等人来齐了才能吃，而是吃得热热乎乎，家里人也都觉得十分可口。

## 二、从节孝寺到期成小学

1926年，蒋星煜满了六岁，到了进幼儿园的时候。当时，溧阳县城没有专门的幼儿园，蒋星煜由家里人安排进入溧阳第一女子小学，成了第一女子小学幼儿园部的一名小朋友，而且，还是第一女子小学幼儿园唯一的男生。蒋星煜以这样独特的身份度过了几年幼儿园时光，转眼间，就到了要上小学的时候。虽然蒋星煜年龄还很小，但这个时候他的语文成绩已经达到小学三年级的水平了。

正因为时时表现出的早慧，家里人对他的读书还是寄予了厚望的。蒋星煜被家人送进了节孝寺小学。节孝寺在溧阳城中心，学校的面积不算太开阔，大约只有三进，有五六个大房间。节孝寺虽然称为"寺"，却没有一个和尚，也没有一个道士，可见不是宗教地界。后来就有人动脑子，在这里办了节孝寺小学。在节孝寺小学，蒋星煜的功课门门都不错。但是，每当放学，他总是逃命似的往家里跑，就因为节孝寺里的气氛太过冷清，有一种说不出的恐怖以及险恶，他觉得受不了。

有一次，一位老师向蒋星煜母亲借十元钱，蒋星煜母亲恰好手里没有多余的钱，就没有借给他。老师借款未成，恼羞成怒，就在幼小的蒋星煜身上出气了。老师上课时，借故用竹板在蒋星煜手心里狠狠打了十下，确实很疼，手心当时就红肿了。这绝对是蒋星煜上学以后经历的第一次"冤案"，也算是他在这所小学留下的一次可怕回忆。后来，母亲与外祖父商量了一个晚上，可能就去找那个老师交涉了。再后来，蒋星煜就没有挨过老师打了。

蒋星煜在熬完节孝寺小学的日子后，经过考试，进入溧阳期成小学。溧阳期成小学可能是当时县城里唯一的一所私立的六年制小学，它的声誉很好，因为考取中学的毕业生最多。进了期成小学后，换了一个新的环境，蒋星煜的心情十分愉快。

期成小学校址设在孔庙隔壁，大门口是很平整而且相当宽阔的大青石板路，甚至可以供十个人并排行走。孔庙里有孔子、孟子，还有孔子的七十二个弟子的牌位，可大门口挂的牌子，早已换作"溧阳县民众教育馆"了。蒋星煜对这所小学是满意的，也因为期成小学所聘老师大都是一流人才。他尤其钦佩五年级的班主任潘人俊，他中等身材、满面红光，教英语严格而且认真。还有六年级班主任史春圃，是教国文的老师，教学认真，为人和善，经常面带笑容。在蒋星煜眼里，他的国文教学水平绝对是一流的。

蒋星煜从小喜欢读书，对书的渴望十分迫切。小婶母有一个表弟，名叫薛梦飞，当时在上海市工部局华人教育处工作，大家庭中所有孩子需要什么书，他们都会列齐后开出一张书单，寄给薛梦飞，很快就会收到薛梦飞从上海寄来的书。一次次看着别的孩子拆开包裹，拿出一本本新书，蒋星煜自然羡慕不已，经不住诱惑，他也开过一两本书，但他要的书从来没有寄来过，后来也就不再自讨没趣了。好在蒋星煜有一个格外喜欢他的外祖父，在买书、读书上总会尽力满足他，父亲也会时常寄书给他。因此，幼时蒋星煜的书并没有少读。

舅父孙葆澄在国文方面给了蒋星煜很大影响。舅父平时看书主要是以消遣为主，看的是《阅微草堂笔记》、《夜雨秋灯录》、《两般秋雨盦》等等。舅父谈起创造社来头头是道，对郁达夫以及他的小说非常熟悉，还把自己收藏的一套《创造日汇刊》拿给蒋星煜看。蒋星煜也很欣赏郁达夫的才华，觉得郁达夫的小说极其富有吸引力。

溧阳当时有规模很大的小学，每学期结束的时候，都要举办一场"恳亲会"，由学校组织老师、同学表演节目，邀请家长代表等前来欣赏。对别人的演出，蒋星煜已经不满足于口头的评头论足了。学校的"恳亲会"上演出由张恨水小说改编的《啼笑因缘》，沈凤喜由学校的撑竿跳冠军汤瀚章扮演，关秀姑、何丽娜也全部都是由男生扮演，但是演出却非常精彩。平时相熟的同学，稍微做了一些装扮，无非是换了服装，化好妆，走上舞台，演绎的就是另外一段人生，这点燃了蒋星煜的兴奋点。一般同学满足于台上的演出，专心当观众，蒋星煜却对同学们台前幕后的表演身份的变迁充满兴致。那段时期，他就在这样强烈兴致的驱使下，以同学们在"恳亲会"上的表演为对象，尝试着写出了他一生中最初的文艺评论文字。他将这些文艺评论文章，投寄给当地的报纸。庆幸的是，《新溧阳报》居然每次都会全文照发。要知道，他还只是一个小学生啊。

蒋星煜国文知识的积累，还有着外祖父的功劳。那时，每逢星期天，外祖父都会带着蒋星煜去茶馆、澡堂，给蒋星煜讲唐诗、古文。外祖父不用讲义，以讲故事的方法授课，这样，学校内外的国文学习，在蒋星煜这里就完整地集合起来了。

蒋星煜童年留影，背面为时任校长史远绍题鉴

1932 年，就读于宜兴公立农业学校初中一年级的蒋星煜，在这样的环境熏陶之下，试探着步入文字生涯，他开始与表舅周陛勋等一起，在宜兴《品报》办了《时代青年》副刊，还发表了《青年的苦闷》等文章，效仿当时富有思想的青年作家们，探讨人生的价值。因为展现出了写作的才华，后来不久返回溧阳继续读初中的蒋星煜还主编着同济初中半月一期的壁报。编壁报是一件很费力的事情，但相对于纸质报刊，壁报的传播又是有一定局限的。因此，编壁报之余，他撰写了一篇文章，大致是写当时文艺的新动向，稿子写好后，他寄给了当时的《新溧阳报》，不成想随即就发表了。《新溧阳报》的负责人史彦坡还给他写了封信，信里有这样一句话："君爱好写作，乃溧阳文艺之曙光。"史彦坡这句话，让蒋星煜对自己的写作充满自信，对蒋星煜此后一生勤于笔耕，有莫大的鼓舞作用。

## 三、外祖父的世界

蒋星煜的外祖父孙汾卿是前清秀才。他十九岁即开设私塾，在当地深孚众望闻名遐迩，颇有些号召力。清朝末期民国初年，溧阳县城的旧书院废除，改建制为溧阳书院小学时，他理所当然地被任命为第一任的书院小学校长。当时县政府对公立学校教职员工工资时有拖欠，外祖父向县教育局局长据理相争。县里财政确实困难，但拖欠教职员工薪水确也不该，这个校长做得两头为难，外祖父干脆就打了辞职报告，不去书院小学了，还是一门心思办自己的私塾。慕名而来的求学者中，不仅有孩子，还有成年人。

外祖父的私塾学堂，没有明确规定必须交纳多少学费，学生根据自己的家庭情况交付学费，一些贫穷家庭的孩子象征性地付一点就行。当然，家庭富裕的学生不仅会支付学费，也是出于人情礼节，过年过节还会送上一些节礼。

蒋星煜的外祖父有三个女儿、一个儿子。蒋星煜的母亲霁贞是大女儿；二女儿淑贞，嫁给溧阳开炮仗店的小开；三女儿庆贞，嫁给了宁波人、德润和锡箔店的童士庚；蒋星煜的舅舅孙葆澄，是外祖父唯一的儿子，后来娶了自己的学生、三茂烟草店老板的女儿吴再宝。

每逢春暖花开，或者秋高气爽的日子，外祖父都会带着蒋星煜出外走走，拣近路抄小道，沿着城墙脚下转，遇到走不通的地方就上城墙。儿童时期，他眼里溧阳的城墙很巍峨很雄壮。爷孙俩登上三层的六角形的文昌阁，向东、南、西、北四个方向远眺，除了东面是河道纵横的平原田野以外，其余三面都峰峦起伏，丘陵和高山峻岭连接成了一大片。西北角上远眺长荡湖，若隐若现，看不太清楚。

城墙上有一些简陋的草棚子，住着一群老老少少，口音、生活习惯都和溧阳本地居民不太一样。外祖父说那是苏北遭水灾逃难的人，别的地方更多，溧阳还算是比较少的。蒋星煜就很想进草棚子，仔细看看他们的生活，因为他当时觉得，难得见到生活比自己过得还要苦的人。但是，外祖父总说一句"有什么好看的"，拉着蒋星煜急匆匆就走了。为此，蒋星煜还曾和外祖父闹了一点不开心。

蒋星煜还认识了住在外祖父家对面的一个男青年英保。有一次，英保带他去城外护城河边看渔民捉鱼。到了护城河边上，英保叫蒋星煜看好他随身带来的竹篓子，自己卷起裤脚管，脱下鞋子袜子，就去摸螃蟹了。英保每摸到一个螃蟹，就爬上岸来，把它放进竹篓子里。野趣和童趣交织着，那一天，蒋星煜跟着英保玩得很快乐，可是，回家的时候，他却遭到了外祖父一家一顿臭骂，英保也被骂得下不了台，几乎要哭出来了。英保带着蒋星煜下河捉螃蟹，让蒋星煜体验了快乐，但英保为此却受了委屈，蒋星煜当时是不解的，这或许也是童年体验中的青涩吧。那次以后，英保就和外祖父家不再往来。蒋星煜也没有再听到过英保的任何消息。

每逢星期天，做了小学生的蒋星煜还是乐意随着外祖父去茶馆、澡堂、酒楼，听外祖父讲唐诗和古文。外祖父做过书院小学的校长，也做过孙中山警卫团的文职军官，大概一生过于自负，日子过得不舒畅，经常喜欢发牢骚，每天都要把一半的时间消磨在茶馆里。所以，蒋星煜刚学会走路，就被他带着泡大公和茶馆了。

稍微仔细一些看大公和茶馆的招牌题字，就可以发现黑漆底泥金的"大公和"三个正楷字中，"公"字下面原先是一个"共"字。原来，茶馆原先取名"大共和"，不巧的是，茶馆开张之时，袁世凯要称帝了，于是茶馆只好匆匆忙忙改为"大公和"。茶馆老板本来还有点担心被袁世凯的爪牙查问，谁知道，还没有顾得过来呢，袁世凯称帝的闹剧就在仓皇中结束了。

在诸多茶客当中，有两位书法家——姜自枚和吉敖西，还有一位画家——房毅。姜自枚写孙过庭《书谱》，流畅自如，一气呵成，多年后蒋星煜回忆起来还认为比起上海、北京一流书法家并不逊色。吉敖西的书法风格则近似钱南园，坚毅硬朗，显得十分有骨气。画家房毅，号虎卿，专门画"墨龙"，即专画一种见首不见尾的龙。

在大公和茶馆，流行一种名曰"诗条子"的游戏。这种介于娱乐和赌博之间的游戏，八九个人围拢一张八仙桌就可以玩了。这是一种诗和文字的游戏，五言或七言诗，中间留下一个或者两个字的空白，坐庄列出五个谜底让你猜。比如：写出一句"径通幽处"，同时又列出"一、曲、竹、小、三"五个字，猜中者一赔三。参与猜的人有充裕的时间进行选择。

"诗条子"的制作是有点难度的，要求制作者一定要懂格律，起码要懂得平仄和韵律，万一发生了输赢争执，要拿得出古本进行证明。其次谜底绝对不能泄露出去，如果不慎泄露，庄家一定会输得血本无归。往往，十个"诗条子"作为一个段落，一个下午最多也不过三十个"诗条子"而已。

外祖父也曾制作过"诗条子"，但属偶尔为之。一般，制作十个"诗条子"，庄家奉送大洋一块。但他似乎对此并无多大兴趣，庄家答应多付报酬，他也不为所动。当然，如果偶然碰上是外祖父制作的"诗条子"，蒋星煜是不参与下注的，免得人家说闲话，以至于引起不必要的纠纷。

大公和茶馆还不过是外祖父带蒋星煜常去的四个"据点"之一。一般情况下，吃过午饭，外祖父会带蒋星煜去大公和坐茶馆；下午三点半左右，就上迎秀巷的戴桂林浴堂洗澡；下午五点半左右，上魏天成或其对面的一林春喝酒；到七点半左右才带蒋星煜回家，或者送他回蒋家老宅。

在这些场所，外祖父接触的人物三教九流的都有，谈话内容五花八门，丰富有趣，这都是幼年蒋星煜喜欢听的。比如蔺相如完璧归赵、孙膑智斗庞涓、孙武吴宫中教美人操练等等。人少的时候，外祖父常常用讲故事的方式，和蒋星煜谈些历史、文学的话题，让他能够消化这些知识。蒋星煜日后研究范围广阔，被学界称为杂家，外祖父茶馆里的传授，事实上是喂给了他文史知识的第一口乳汁。

蒋星煜尚未出生的时候，溧阳发生了一场瘟疫，死了不少人，一具具尸体扔在城墙脚下，都来不及掩埋。一时间，城里人心惶惶。外祖父出面联络了中医蒋鹤鸣等几个人，筹集款项，掩埋了抛在城墙脚下的尸体，而且给感染瘟疫的病人免费治疗。溧阳的人心和社会秩序很快就安稳下来了。因为这件事，外祖父赢得了县里人的交口称赞。

当然，一支笔才是外祖父的强项。在当时溧阳县城，像外祖父这样有笔头功夫的人并不很多，平日里县里发生了重大的民事案件，有人会请他写状词，外祖父大多是拒绝的。请他写状词的人有时候还会苦苦纠缠，直到惹得外祖父发了脾气才罢休。然而，遇到孤儿寡母受了欺负，外祖父往往会仗义执言。对方知道了是孙汾卿介入了此案，一般马上也就让步了。据蒋星煜记忆，外祖父写的状词井井有条，雄辩有力，一般在申讼过程中可以占得上风。当然，外祖父撰写状词还有一个底线，就是一旦他认为是"狗咬狗"的事情，他就不再介入。

一次，县城大街上一个警察要没收了农民贩卖的青蛙，却要拿去给自己当下酒菜，被外祖父撞见后一顿呵斥，结果放生了那群青蛙。外祖父一个朋友曾经介绍他去南京担任文书工作，却因为他习惯不了出门进门岗哨的大声敬礼，说是警卫这样高声吆喝总是吓他一跳，结果很快就辞职不干了。

外祖父也有不对的地方，身为书院小学校长，他却在外面包了"二奶"。这个"二奶"和外祖父生活了三十多年，一直过着清贫的日子，甚至从未进过孙家的门。直到外祖父去世，她才穿着重孝来孙家祭奠。还好，孙家男男女女也都对她很客气。此后，她也就没有再进过孙家门了。

# 第二章

# 弱冠年华与文字抗战

1937 年，抗日战争全面爆发。我离开上海，暂时回到故乡。

这对我而言，标志着"两耳不闻窗外事，一心只读圣贤书"时代的结束。回到溧阳后我即刻参加了抗敌后援会，和许多中学生一起走上街头，进行抗日救国宣传。但不久后，日军还是攻陷了溧阳，我也因为身患严重疟疾，只好随父母逃难至一个叫北谈庄的乡村。

但乡村也终究不是久留之地，抗战热潮席卷之下，除了带给我诸多不安和担忧，更多的还是一种隐隐的诱惑，为抗敌救国出力的诱惑。因此，1938 年，我乘着一条渔民的小船，经过了日军再三的搜查，一路颠簸，历经艰险又回到了上海。

——蒋星煜

## 一、少年心事当拿云

1936 年，蒋星煜初中毕业，为了实现心中的文学志向，他的目光投向了溧阳之外的大上海。这一年，他报考了上海中学，遗憾的是没有被录取。但是，也算阴差阳错吧，当时上海中学的秘书张仲寰与他的哥哥张新伯办了一所新寰中学，地点就在现在的威海路重庆路口，新寰中学录取了蒋星煜为高中新生。

也许是得益于外祖父孙汾卿的影响，加上年龄和阅历的逐渐增长，蒋星煜已经初步具有了鲜明的分辨是非的能力与一定的社会主张。在新寰中学入学一段时间后，他很快发现新寰中学是以盈利为目的的私立学校，学生交纳的学费中包含了伙食费，但是，吃的饭总是清汤寡水，给学生的伙食极差。当时蒋星煜在新寰中学负责办壁报，于是，他以壁报为阵地，发表文章，首先列举了学校伙食的不尽如人意，再提出学校伙食应该交由学生自理。这个呼吁得到新寰中学大部分同学的支持，一时大有发展成校园学生风潮的可能，令新寰中学的管理者高度紧张。学校以"言行不检"为名，给蒋星煜记大过一次。

1937年，"卢沟桥事变"爆发。抗战的烽火仿佛直接燃烧在少年蒋星煜的心头。随着战事推进，上海的形势就更加错综复杂，在父母的要求下，蒋星煜离开学校，离开上海，暂时回到故乡溧阳。

溧阳人订阅的上海报纸不多，订《申报》的大概也就二三十家，蒋家就是其中之一。订阅《新闻报》的大部分都是商店，数量大约也就是二三十家。由于当时的报纸从上海到无锡可以通过火车，从无锡到溧阳就只有水路可走了，这些报纸在溧阳一般都要在第二天中午前后才能看得到。也就是说，关于抗战的最新消息，溧阳人要知道，最快也都得等到第二天。江苏溧阳一线，是日军攻击和登陆的前沿，抗战任务相当吃重。那时溧阳的街头巷尾都在议论，希望南京的国民党政府能够坚决出兵，对日本进行正面抵抗。回到溧阳的蒋星煜也即刻参加了抗敌后援会，和许多中学生一起走上街头，进行抗日宣传。

日军攻陷溧阳后，蒋星煜正身患严重疟疾，只好随父母逃难至一个叫北谈庄的乡村。但是，乡村终究不是久留之地。虽然战争阴云密布，到处充满了危险的因子，但是完成学业对于蒋星煜的吸引力还是巨大的。于是，1938年，他乘着一条渔民的小船，经过日军重重盘查，一路颠簸，转辗回到上海。时隔一年，若再回到新寰中学读书，只能延续前面的学制，读高中二年级，这是蒋星煜内心无论如何都无法接受的。于是，他干脆进入要求没有新寰中学严格的国光中学，这样就可以直接续读高三年级了。在国光中学，蒋星煜的成绩依然骄人，第一学期就在考试中名列第一。

## 二、上海最初的文字生涯

在国光中学读书期间，蒋星煜除了考试屡屡获得第一名，还在学校的壁报上写些赞扬抗日英雄的诗歌，或参加一些活报剧的演出。这个时候，他开始给《大英夜报》和《中美日报》写稿。这些稿件大部分以揭露讽刺汉奸文人的嘴脸为内容，不仅展露了蒋星煜的爱国思想，也为他日后以文为生的职业生涯开启了端绪。

因为这时候上海已经沦陷于日军，上海的租界这个时期就变成了名副其实的"孤岛"。为避免受到日伪的干扰和迫害，上海文化界、新闻界的爱国人士在租界，由外商向工部局登记，先后开办了许多家报社，遍及公共租界以及英、法租界等，以此为阵地坚持抗日。当时上海市民称这些报纸为"洋旗报"，意思就是打着洋人

欢快的少年时光（左一为蒋星煜）

旗号的报纸。蒋星煜为之撰稿的《大英夜报》和《中美日报》就属于这样的"洋旗报"。

　　蒋星煜1938年开始给《大英夜报》的文艺副刊"七月"写稿，时间不算长，用的笔名也不固定。发表的短稿件大约有三四篇，直到稿件发表，他还不知道《大英夜报》是谁在主编，直到1949年之后，他才知道《大英夜报》主编是著名作家王统照，协助王统照一起看稿子的，还有另一位同样声名显赫的小说家秦瘦鸥。直到"文革"结束，蒋星煜才与秦瘦鸥先生在解放日报社主办的刊物《上海小说》的作者笔会上，每年得以相见。

　　不久，蒋星煜就发现，《中美日报》的副刊"集纳"发表他的稿件要快一些，采纳的稿件数量也比较多些，于是，他就主要为"集纳"写稿。"集纳"是一个综合性的副刊，原本以登载有关文学、艺术的知识小品居多，偶尔也有散文、小说、小诗等刊发，也发表过控诉沦陷区日军暴行的纪实文学。"集纳"那时候主要的作者有邵洵美、温肇桐、可亭等，蒋星煜当时写的那一批稿件，大多用的笔名是"过客"。

　　上海"孤岛"时期日伪猖獗，北平的一批汉奸文人就更是无耻，早已与日本人携手的周作人领着徐祖正、钱稻孙等一些人出版了一份汉奸文学刊物，取名《中国文艺》，公开为日伪的侵略行径辩护。上海的一些文人如刘呐鸥、穆时英，还有专门写三角恋爱的张资平，也打着"科学复兴"的幌子四处活动。对此，《中美日报》的主编摩矩首先做了揭发和批判（有人告诉蒋星煜摩矩就是张若谷，但他们一直没有见过面——笔者注），年轻气盛的蒋星煜更是忍无可忍，在 1940 年的前三个月里，连续写了一批稿件，发表在"集纳"副刊，如《北平入瓮的一批文人》、《再鞑伐文贼文妖们》《希望落水作家反省——忠告张资平穆时英辈》等，以正气昂扬之声，痛斥北平、上海两地的汉奸文人。

署名"蒋星煜"的《北平入瓮的一批文人》一文，发表于 1940 年 2 月的"集纳"副刊：

在北平沦陷以后，我们最初知道周作人苏武自居，杜门谢客，专心著述，一时国人一方面为他的安全忧虑，一方面却很赞扬他的"高风亮节"，可是没有多久，他担任"东亚文协"理事的消息从各方面证实了，那时大家还望他能醒悟转来，许多人都在杂志报刊上苦口婆心地劝他，哪知他迷途日深，认贼作父，替"主子"写稿子，凡是能讨欢心的事情一概允诺，而死心塌地做起哈巴狗来了。

在他自己说来，当然是看到"荼毒生灵"，才"善心大发"，不顾一切出来做这玩意儿的，不过我们把事实来分析一下，马上就可以得到一个结论，就是"见钱眼开"，原来这位知堂老人，生平卖文为活，殊为清苦，现已年近六十，女儿绕膝，家中开支倒不在少数，不免常有衣不能帛，食不能肉之叹，现在只要抹了良心放几个空心屁，就可以向主子讨一卷"联钞"和"老头票"，何乐而不为呢？此外还有一点，就是"过官瘾"（其实也不能算是官），因为老人虽然做过教授，做过杂志编辑，这样以五大洲中之一大洲为单位的文艺协会，却没有机会踏进过，现在"主子"既然下令让他做会长，自然欢迎非凡了。

和知堂老人在一起从事"文化建设"的人，不用说也全是忝颜惜命之徒，据我们现在调查所知道的，有陈绵，陆离，方纪生，李道静，钱稻孙，徐祖正和沈启无等，这批宝贝所以"出山"（其实是入瓮）的缘故，大致和老人大同小异，最高目的就是混一点"联钞"和"老头票"，他们的动机虽然是如此可怜，我们倒也不能用宋襄之仁来宽恕他们，"杀身事小""失节事大"，古有明训，何况他们一方面是曾经一度"慷慨激昂"过的知识分子了，一方面要是不做也不见得"弃市"的。

这般人当然"罪在不赦"，我们决不可任他们鸟言兽语，贻害世人，我们的"挞伐"要永久"挞伐"，不可以给他们一个喘息的机会，他们都是落水的哈叭狗，大家应该站起来"打"他们，一直到"打"到透不过气来为止。

短短的一篇文章，书剑意气，酣畅淋漓，读来使人热情高涨热血沸腾。从周作人的"附逆"的心理因素谈起，层层论证，逻辑严密，把一批丧失民族气节的汉奸文人阴暗的心理、行为暴露在光天化日之下。此外还有署名"过客"的一篇《再挞伐文贼文妖们》，发表于1940年3月《中美日报》"集纳"副刊：

在最近的几个月中，我曾写了《出了象牙之塔》、《北平入瓮的一批文人们》和《希望落水作家反省》三篇文章，一再指责他们不应该背叛祖国，虽然这种举动很可能引起一些无谓的恫吓和不利于己的行为，但我决不会因此就退缩，这一点在上月二十六日本报"集纳"栏《我的呼声》中早已表白过了。

对于忝颜事仇的文贼，麻醉青年的文妖，我们决不能加以宽恕和原谅而只有挞伐，身为文人这样的不爱国家没有节气，我们无论如何忍耐不住了！除非他们能痛改前非，反正转来和我们站在一条战线上，去对侵略者做永久的战斗，否则我们是不会宽恕他们的。

强词的饰辩，绝对不能长时期的掩饰他们的本来面目，正如俗语所说："若要人不知，除非己不为。"狐狸的尾巴，终有露出来的一天。他们这种无耻勾当，终于给我们调查得清清楚楚：以苏武自命的周作人，做了"东亚文协"的理事，替伪政府从事"文化建设"。陈绵领导了北平"新民会"的"北京剧团"，在大规模傀儡剧的舞台一角演小傀儡剧。方纪生和陆离，替一家日本书店编辑《朔风》杂志，极尽"宣扬王道"的能事，这许多都是确确实实的事情。还有一度以"第三种人"的姿态出现文坛的杜衡，居然也在香港办《自由评论》替"主子"做应声虫，可谓无耻之极。

我们现在来检讨几个专写色情的文妖，譬如张资平之流，抗战发动后，据说是从事国防科学研究了，可是没有多久，我们也就看到他的新作《恋爱综错》出版了，固无一篇七八万字的道地的色情小说在结束的时候可以用一百字写出书中的主人翁都现身抗战了，以便人家归纳到"抗战文艺"一类中去，可是这种阴谋又被我们看破了，我们说这种作品是含有毒素的。谁也不会否认的罢！

在小型报上写"香艳肉感"的，有吕白华，和他作风相同的有黄孟超，他们二个人倒可以说是同道，一面同在板起仁义道德的面孔做冠冕堂皇的大学"教授"，一面尽量制作低级趣味的"屁股赋"和"跳蚤吃血记"那样东西来供给有闲阶级来酒余饭后的消遣品。

唉，当这大时代已经来到的黎明，全国前进的文人都举起笔杆来从事复兴祖国的运动了，而他们还是执迷不悟，抹了良心在散布毒素，来！全国的文人！我们用集团的力量一致来挞伐他们！

这篇《再挞伐文贼文妖们》，在语境上紧承上一篇文章，但语义更进一层，除了揭露曝光汉奸文人们见不得人的嘴脸，还郑重提出要对于卖国求荣的文人进行挞伐和抵制，并规劝这些丧失节气的文人们迷途知返。在 1940 年 3 月的"集纳"副刊上，蒋星煜又署名"过客"，发表了一篇《希望落水作家反省》：

文艺作品唯一的条件，就是要有时代精神，要忠于现实，反过来说，没有时代精神和不忠于现实的文艺作品，仅不过是供有闲的智识阶级做茶余饭后的消遣物罢了，他的淘汰和没落是有一定的道理。

有一些艺术至上论的作家，产生了许多描写三角恋爱甚至多角恋爱的小说，虽然情节很多曲折，字句修饰得非常华丽，但是这种作品太缺少时代精神了，所以总不免走上没落的道路。

在战前我们似乎很难找到充溢时代精神的作品，这固然由于客观的条件的限制，但是作家的自身缺乏能力也是不可讳言的事实，战后一方面题材是增多了，政府当局也鼓励作家们个个站起来，从事国防文学了。

最近文坛上最能代表时代精神的反映现实的，应该是戏剧而不是小说或诗歌，就拿大家所熟知的《放下你的鞭子》来说吧，所以能拥有这许多读者或观众，所以能这样受到大家的欢迎，唯一的原因就是它是一部东北同胞流亡的写照，是反映现实的。

我并不是故意提高戏剧的价值，而把小说诗歌一笔抹杀，实在因为戏剧可以用动作来表现，对于不识字的大众当然很容易收效。小说就不具备这条件，不过能反映现实也并不是没有，诗歌方面，我知道的确也很少。

我们再看到欧洲的文坛上，对于时代精神也非常重视，泰纳把"时代"和"环境"以及"人种"列为文学的三个因素，一位三个因素的综合便产生优秀的文学，三个因素分离便产生贫弱的文学，亨德更以为文学是"时代精神正确的解释"。从作家这方面来说也是这样。譬如法国的勒尼玄本来是个在黄金窟里做"想象的梦"的象征派诗人，比利时的范尔哈伦也是社会主义的象征派诗人，可是一到欧战爆发，就不约而同的唱起战歌来了。这决计不是偶然发生的现象，这是终于现实的结果。

现在我希望从事文艺的作家们，大家来一个反省，自己写的东西能不能发扬时代精神？能不能反映现实？同时我更希望描写爱情的作家以及给铜臭熏黑了良心而替"主子"宣扬"王道"的"作家"，就是张资平、杜衡、穆时英、赵时雍，以及吕白华、黄孟超等，快些醒悟转来，献身于国防文学运动，多写一些发扬时代精神的作品，多写一些反映现实的作品。

蒋星煜发表的这篇《希望落水作家反省》，依然是短短的篇幅，除了一如既往地鞭挞汉奸文人、落水文人，揭露他们的丑恶嘴脸，规劝他们迷途知返之外，值得注意的是，他在文章中呼吁作品要具有时代精神，注重反映现实生活，在"孤岛"的文艺阵线上，无异于亮起了一盏路灯。而且，他还认为戏剧反映现实、展现时代精神的能力，强于小说和诗歌。这是否也可以视作蒋星煜以后将戏剧研究作为学术生涯的一项重要内容的一个预兆呢？

在"孤岛"上海，以文章痛斥汉奸文人，其实也是冒着生命危险的。当时有许多爱国的文化人、新闻工作者陆续被日伪特务暗杀。也为了安全起见，蒋星煜尽可能减少外出活动，除了星期日或者晚上参加一些读书会的活动之外，平时就是在学校上课、打篮球。这些文章的笔名大多用"过客"，虽然这个笔名很被人注意，却很少有人知道"过客"居然是一个小青年。

蒋星煜还翻译和创作过纯文艺性质的诗歌，来鼓动抗日士气。当时上海《密勒氏评论报》有一个记者叫杨格，他写了好几篇中国将士浴血奋战的报道，还配发了照片，日伪人员对他恨之入骨，就找了一个借口，把他逮捕关押。杨格夫人来上海探监，写了一首名为《我的丈夫在狱中》的诗歌，登载在《密勒氏评论》报上。蒋星煜读后深受感动，就把这首诗翻译出来，署名"溧芳尺"，取作者是溧阳人之意，也刊登在"集纳"副刊上。

除了翻译诗歌，蒋星煜还创作了多首诗歌。《濑户内海之春》，主要表现日本国内的反战情绪；《新时代进行曲》是渴望现实世界能起翻天覆地的变化，表达一种美好的愿望。其中，影响比较大的是《囚徒之歌》，分为《死》、《血》、《泪》、《虱》和《春》五个小节，发表于郑振铎主编的《文学集体》第五辑，例如《春》：

春究竟到哪里去了哪
因为凶恶的人
凶恶的狗

把春隔断了

因为高的墙垣

铁的窗棂把春隔断了

锁链的振响

把春隔断了

可是我们心上的春

永远有生之微笑

1940 年，蒋星煜还用笔名"过客"在由范泉主编的《中美日报》另一个副刊"堡垒"上，发表过一批兼顾学术性与战斗性的短文，因为这也是"堡垒"副刊的用稿特征。蒋星煜在"堡垒"写了纵谈文艺的《艺术界》、《黄金切割论》，写了杂文《宝剑与红粉》、《所谓学术空气》等，还写了直接尖锐抨击日寇的《日本军部的特权》等，这篇文章被刊发后，蒋星煜居然逃过了劫难，也可以说是侥幸之至了。

《中美日报》的另外一个以戏剧、电影内容为主的副刊"艺林"，由中共党员陈鲁思主编。有一天，几个读书会员集中在一起活动，地点选在沪西的培成女子中学。卢豫东介绍蒋星煜认识了陈鲁思，彼此开始有了联系。卢豫东撰写剧评时的笔名是"旅冈"，在"左翼"剧联中也用这个名字，在当时上海戏剧界有一定的影响。

旅冈还写过一篇《上海剧运的低潮》，对当时上海剧坛一些现象提出了批评，引起了一大批人的议论，加之因为此前他撰文反对蓝苹出演赛金花，以及相关的许多事情所带来的压力，导致他打算离开上海去大后方。

受旅冈的影响，蒋星煜开始对撰写戏剧评论发生了兴趣。刚好那时傅维廉组织了新演剧社，演出了法国戏剧家莫里哀的《伪君子》。应旅冈之邀，蒋星煜写了一篇剧评。旅冈看了以后拿去交给陈鲁思，发表在"艺林"上，同时也发表在《文汇报·晚刊》上。这是蒋星煜平生第一篇戏剧评论，剧评发表以后，给了他不小的鼓舞。

在沦陷区，撰写带有宣传抗日性质的稿件，完全没有和平年代那般惬意，稿件发表后，领取稿费也是一件带有一定危险性且颇费周章的事情。《大英夜报》和《中美日报》的稿费从来不通过邮局寄给作者，都是要作者等候通知，凭本人印章到报社的一个窗口去领取。领取的地点是爱多亚路 160 号，大致在今天延安东路一带，大门口经常有日伪特务投掷炸弹制造恐怖气氛。蒋星煜每次去领取稿费，总是瞻前顾后，领到稿费之后赶紧就走，紧张得不亚于打了一场仗。

## 三、从国光开始的社会担当

在国光中学，无论学习成绩还是社会实践的成果，蒋星煜都表现不俗，显示出了令人赞赏的综合素养。大约是 1938 年的夏天，蒋星煜报名参加第四中华职业补习学校夜校的国语班，在那里跟随蒋经邦学习古文古诗词，受益良多。随后，第四中华职业补习学校迁往浦东大楼。同时国光中学里面也办了夜校，这就是国光夜校。高中三年级的下学期，经人推荐，蒋星煜成了国光夜校的教师。

国光夜校当时有六个班级，三个教室。蒋星煜先在一二年级教算术，后来调任五六年级的应用文教师。应用文对夜校学生是很实用的课程，不单单是写信，如果生病了，不能上班，还可以用学会的知识写请假条；如果向人借钱，也要开借据给人家。所以，蒋星煜要教给这些夜校的学生书信、请假条、借据等的写法。当时国光夜校的学生以工厂女工居多，年龄基本都比蒋星煜大，蒋星煜在心里称她们为姐姐。除了正常学习，这些工人学生也会问蒋星煜一些与他们自身有关系的问题，比如对"剥削"这两个字的解释等等。

少年蒋星煜

西厢桃花别样红 ❀ 艺术传评

总体而言，夜校学生的文化程度都不太高，而且参差不齐。有些基础差得甚至出乎蒋星煜的预料，比如他们问写信结束时候要写什么话，蒋星煜说可以写"祝你健康"。后来作业交上来，蒋星煜看到"祝你健康"变成"捉你健康"了。有两个女生文化程度很不错，字也写得娟秀清丽，论文化程度已经够得上正规初中的学生了，蒋星煜至今还记得她们的名字，一位叫钱荷英，一位叫李玉珍。他当时就不明白她们为什么还要来读夜校，后来始终也没有弄明白。

这个时期，上海的复旦大学因为战时烽火而西迁，但一部分院系如会计系还是留在上海。高中毕业的蒋星煜报考了复旦大学会计系，并如愿被录取。进入大学后，蒋星煜除了学业之外，继续坚持为《中美周刊》和《华美晚报》等撰写稿件，只是不仅写稿面扩大了，内容和题材也更加多样了。

当时，上海的青年知识分子普遍组织了读书会，内容趋向于抗日思想的传播。蒋星煜参加了两个小型的读书会，一个是由中学教师黄浩然领导的读书会，另一个是以旅冈、野鹤（即龚川崎）和蒋星煜三人为主组成的，在这两个读书会中，蒋星煜都表现出了超强的能力和极大的热情，各方面也都取得了比较优异的成果。解放以后，他才知道，黄浩然组织读书会的时候，已经和中共党员、解放后曾出任中共上海市委统战部部长的陈同生有所联系，很多方面接受了他的影响。

黄浩然曾经试图推荐蒋星煜到抗战一线去为国出力，他通知在江苏南通、如皋一带领导抗日游击队的季方，三次来上海与蒋星煜会面，目的就是要带蒋星煜去苏北参加抗战。季方曾在抗战中期担任苏皖边区政府主席。蒋星煜一来年轻，对所谓未来还没有一个仔细的考量，另外，置身上海如火如荼的抗日氛围中，一时也还没有离开上海的明确意向，因此，没有选择跟着季方去苏北战场。

蒋星煜中学毕业证书

但青年蒋星煜的抗战热情并没有消退，反而日渐高涨。他坚持参加两个读书会的活动，继续撰写稿件，发表对时局的看法，讥贬卖国汉奸文人。后来，他还加入了一个规模更大的读书会——四补校读书会。这个读书会值得记一笔，因为它在特殊年代为以后的新中国培养了不少人才。如四补校读书会领导人之一的蓝瑛，上海解放后，出任中共上海市委宣传部副部长；另外一位领导人翁曙冠，解放后曾经担任上海市教育局副局长，还出任上海市民盟负责人。

# 第三章

# 重庆战时的学术积淀

1941 年春末夏初，我经香港、东江、韶关、柳州等地，转辗一个月，到达重庆，暂时住在堂兄蒋星德的住所。

蒋星德带我见了中央政治学校图书馆馆长沈学植，最终，我选择了去做了图书馆管理员。一边在《大公报》、《中央日报》发表文章，一边在中华书局出版《中国隐士与中国文化》一书。

后来程天放接替张道藩做了中央政治学校校长，中央政治学校气氛变得更加压抑，甚至一时让人无法适应，我就萌生了离开的想法，决定去工作相对悠闲的中央电影制片厂。

——蒋星煜

## 一、大后方的峥嵘岁月

1941 年春天，抗日战争处于胶着状态，上海的形势日趋恶化。蒋星煜感到越来越没有了写作的自由，他觉得压抑得快要窒息了。这个时候，他打算去苏北，然而父母不同意。但是，父母告诉他，他的堂兄蒋星德此时正在重庆。尽管他们并不是很清楚他在重庆具体做什么，但家里人对蒋星德还是很放心的。也通过书信问过他能不能帮蒋星煜在重庆找到工作，蒋星德一口答应，说是没有问题。于是，父母建议蒋星煜可以去重庆投奔蒋星德。蒋星德小的时候就很喜欢蒋星煜，虽然年长蒋星煜十岁，可他经常跟蒋星煜谈论文学艺术，也有些共同语言。

从沦陷区的孤岛上海到重庆，在战时需要多地辗转。蒋星煜先是跟着一批跑单帮的人乘船到了香港，稍作停歇，再趁着夜色从香港改乘机帆船，偷渡至今天深圳附近的鲨鱼角，再经过广东东江、韶关，以及广西柳州等地，用了一个多月的时间，历尽艰辛，到达重庆。

到达重庆时已是深夜，一身疲惫的蒋星煜先被安排住进生活书店。进了书店之后，他才知道，就在自己鞍马劳顿的一个月里，发生了震惊中外的"皖南事变"，国民党军在安徽皖南泾县一带对共产党的新四军进行了伏击，新四军几乎全军覆没，听闻此讯，蒋星煜心里不由生出一股悲凉，也对国民党政府感到失望。

堂兄蒋星德住在南温泉 100 号，如今他已经做了国民党大佬陈果夫的秘书。小温泉虽然冠名曰小，其实是相当之大，此时主要是两个机关的所在地：一个是国民政府总统侍从室第三处，另一个是中央政治学校。这两个机关都归陈果夫掌管，所以蒋星德有办法把蒋星煜安排进这两个机构，但蒋星煜不太想与政治搅和得太过密切。权衡了两个机构的政治色彩后，他选择了去学校。相对而言，中央政治学校虽然也取名为"政治学校"，但比起总统侍从室，总归是以教育职能为主，政治色彩明显要淡化得多。中央政治学校下设教务处、训导处、总务处，规模很大。陈果夫担任中央政治学校教育长，校长则由总统蒋介石兼任。

蒋星德带着蒋星煜，拜见过中央政治学校教务长张道藩。张道藩曾留学法国，应当说很具有一些才学和才干，徐悲鸿原配夫人蒋碧薇与徐悲鸿离婚之后，改嫁的便是他。此人平日也擅长舞文弄墨，后来也一度出任国民党中央宣传部部长。张道藩从言谈中，看出蒋星煜对文艺领域相当熟悉，也很在行，并且还有一套自己的理论见解。他当即决定让蒋星煜担任中央政治学校话剧团导演，这是最接近文艺核心的一个职务了，但蒋星煜却不愿意担任。蒋星煜认为自己连普通话都讲不太好，做话剧导演会有些难度，因而坚决推辞。

实际上，这也是蒋星煜给自己找的一个借口，此时他对国民党的统治已经心生不满，本意是想离开政治越远越好。最终，蒋星德带着蒋星煜拜访了中央政治学校图书馆沈学植馆长，蒋星煜挑选了中央政治学校里政治色彩最为淡化的图书馆，做了一名图书馆管理员。

在常人眼中无足轻重的图书馆管理员，对于一位一心向学之士，确实是一个具有得天独厚优势的岗位。至少，在资料查阅和时间支配上的优势就显而易见。在中央政治学校图书馆，蒋星煜一头扎进书堆里，不仅通读了二十四史，还钻研了经史子集的各类文献，涉猎的领域包括经济、考古、宗教、书法甚至中医等等。蒋星煜一边心满意足地做图书管理员，一边开始在《大公报》和《中央日报》发表文章，纵论时局，发表自己对形势的看法。那时候，边疆学校作为兄弟民族的最高学府，正好设在南温泉，边疆学校常有各类文艺演出，蒋星煜都不放过观看的机会。

在拓宽自己艺术欣赏视野的同时，蒋星煜还完成了自己的第一本学术专著——《中国隐士与中国文化》。这本专著的撰写也跟他的图书馆管理员工作大有关系，他觉得能在如此动荡不安的时局下，沉潜在图书馆里静心做自己喜欢的学问，其心情和状态很像是中国古代的隐士。图书馆管理员工作也便于收集各种材料，于是，他心生感慨，对中国历朝历代的"隐士"做了一番研究，写成了自己平生第一本学术专著。随后，《中国隐士与中国文化》由中华书局出版发行。这一年，蒋星煜才二十一岁。

"隐士"思想在表面上看不合乎时代性，但是，若要想研究中国文化的"源流"，探讨其与国家与民族发展的关系，中国隐士思想的研究就显得十分重要。这一点，也就是蒋星煜著述《中国隐士与中国文化》的初衷。他认为，所谓"隐士"，就是清高孤介，洁身自爱，知命达理，视富贵如浮云。虽然这种人生态度反映的是一种消极的人生观，但是，他也发现这种人生观不同于悲天悯世的佛教思想，虽然不积极，但却是乐观的。蒋星煜阐述了中国隐士与中国文化的内在关系：其一，早在先周中国文化发扬之初，所谓隐士人物即已经开始产生，中国隐士基本可以说是与中国文化俱生的；第二，所谓中国文化的本质，尚谦让，行中庸，薄名利，鄙财富，这些观点起初都有助于中国隐士思想的形成，后来又受了隐士思想的影响；第三，即使在现代社会，虽然经济条件已经转变到不容许隐士生活的存在，但隐士这样一种行世风格，仍然为人们所憧憬。

作为学术处女作，《中国隐士与中国文化》对蒋星煜一生学术著述的意义不容小觑，尽管后来他也一直认为此书"内容不够充实，而且书名也有些问题，因为主要只谈了隐士与诗歌、绘画的关系，与中国哲学、中国历史的关系都没有接触到也"。但是，实践证明，这个"自我评判"更像是作者的自谦之词。

随后的 1948 年，在中国现代文化史上鼎鼎大名的梁漱溟，在其所著的《中国文化要义》单行本的绪论中，专门提及青年学者蒋星煜的这本学术处女著作：

> 又有蒋星煜著《中国隐士与中国文化》一书出版，他指出"隐士"这一名称和他所代表的一类人物，是中国社会的特产；而中国隐士的风格与意境，亦绝非欧美人所能了解。虽然在人数上他们占极少数，然中国的隐士与中国的文化却有相当关系。这些话不无是处，惜原书皆未能认真地予以论证发挥。我们今取它为第十四特征，而研究之。

对于梁漱溟的这段评介，蒋星煜认为是中肯的。当时，撰写《中国隐士与中国文化》这本著作时，蒋星煜只有二十一岁，攻读专业又非文化、哲学类，而是会计专业，或许还不具备特别系统深厚的文史哲基础知识。而且写作《中国隐士与中国文化》，只用了 1941 年夏季到 1942 年的一年多时间，时间上比较仓促。同时，限于当时条件，这本书出版前也没有来得及延请任何一位前辈大家审阅或者校正，更没有得到任何具体的指点。但是，梁漱溟在撰述自己的力作《中国文化要义》之时，依然决定参照《中国隐士与中国文化》，将中国隐士列为中国文化的第十四个特点，仅此一点，对于当时年轻蒋星煜的学术研究，已经算是莫大的肯定和鼓舞了。

随着侵华日军宣布投降，经过两年多的酝酿构思，另一种文学体裁，即历史小说逐渐出现在蒋星煜的笔端。此时，国人对于抗战离乱的惊魂尚未得以完全安定下来，而对于国内严峻形势的担忧又日益严重，批评时政、直抒胸臆不被允许，借古喻今几乎成了作者的唯一选择，因此，历史题材的小说创作就成了蒋星煜写作的又一个园地。1947年，年轻的蒋星煜在工作之余，凭借自己早年积累的历史功底，以历史人物嵇康为主人公，创作了他生平第一篇历史小说《嵇康之死》，此后一发而不可收。他的《嵇康之死》以三国时魏国著名的文学家、思想家、音乐家、"竹林七贤"之一的嵇康为原型，讲述了一个凄美甚至不乏惨烈的故事。故事从嵇家集写起，牵出主人公才子嵇康从安然出尘的生活到被卷入俗世无聊的人际纠纷，以致再被囚禁京都大牢，最后被斩首于东市刑场。临死的时候，嵇康全然不惧死亡，只是遗憾当初不该拒绝袁孝尼的要求，没有认认真真地把《广陵散》传授与他，尽显文人的风骨。

历史小说《嵇康之死》展露了蒋星煜古籍史料的深厚积淀以及他创作历史小说的天分，这篇小说1947年首次在《中美日报》文艺副刊"艺林"发表。后来，1983年上海社会科学院出版社编辑出版一本《中国现代历史小说集》，精选1949年之前的作品，其中收录了鲁迅先生《故事新编》中的几篇，也收录了蒋星煜的《嵇康之死》。1998年，河北人民出版社编辑出版《中国现代历史小说大系》，其中第四卷也收录了蒋星煜的《嵇康之死》。

从《嵇康之死》之后，蒋星煜的历史小说创作从来没有中止过，其中，不少创作之外的故事同样摄人心魄。"书生意气，挥斥方遒"，虽然他创作历史小说的初衷，不过是想用文学方法描绘他所熟知的中国历史故事，但是，命运似乎早已注定他的历史小说创作必得超越其一般性的文学创作，充满着惊涛骇浪乃至泪痕血光。

目前为止，在蒋星煜前后创作的70多篇历史小说中，《南包公海瑞》以及《李世民与魏征》产生的影响，大大超出了他的预料，也给他带来了无妄之灾。当然，这都是后话。

## 二、重庆初逢孙伏园

重庆时期，在文学及文艺研究方面对蒋星煜有所帮助的，还有一个人，他就是孙伏园。蒋星煜后来一直将孙伏园的题赠悬挂在书房，至今仍伴随着他。因为他一直认为孙伏园是他的恩师之一，自己之所以会走上文学艺术的道路，孙伏园的引导和支持，应当说是起了决定作用的一个因素。

孙伏园是鲁迅的学生，蒋星煜到达重庆时，孙伏园正在主编《中央日报》副刊。当时，二十一岁的蒋星煜，并不知道孙伏园与鲁迅之间的恩恩怨怨，两人由师生深情厚谊，而至因"政见不一"裂痕日益加深，以致分道扬镳的内情，他是后来才知道的。

作为鲁迅最器重的学生之一，孙伏园从来不借助鲁迅的声名抬高自己，他性情随和平易近人，身上有着中国文人的本色和风骨。他是著名的报纸副刊编辑，先后主编过《新潮》月刊、《国民公报》副刊等，鲁迅有不少文章也是经他编发的。孙伏园那时也发表了蒋星煜的许多文章，可以说，蒋星煜一到重庆，没有费多大的劲，便"俨然"已经是重庆文艺界大家所熟知的一员。

那段时间，蒋星煜先后写了《小江北的故事》、《江南采莲曲》、《祖国怀念者》等多篇文章，分别寄给孙伏园。这些文章，孙伏园每篇都刊发了。蒋星煜登门拜访孙伏园，想表达感激之意。见面之后，他看到传说中的孙伏园如此随和、平易近人，丝毫没有名编辑的架子，一下子就感觉很亲近。蒋星煜从孙伏园那里，得到的也是更大的鼓励。后来，蒋星煜写了一篇外国题材的小说《威尼斯的忧伤》，是表现意大利人民反对墨索里尼法西斯统治的，也寄给了孙伏园，因为篇幅较长，孙伏园当下决定用《中央日报》副刊的整版，全文刊发。

孙伏园被誉为中国现代最出色的副刊编辑，曾经有评论界人士以《他走了，中国副刊没了》为题，高度赞赏孙伏园文艺副刊编辑的非凡能力。那一时期中国报纸副刊质量非常之高，北京大学陈平原教授也曾经感叹说：自上世纪 50 年代以后，中国就没有了更加出色的报纸副刊。算下来，那正是孙伏园离开报纸副刊之后。

那时候，《中央日报》是国民党非常重要的一个宣传舆论阵地，但为什么会把副刊交给孙伏园来编发呢，蒋星煜心里是有疑团的，但是这个问题孙伏园一直没有说，蒋星煜也不好多问。蒋星煜猜测，国民党其实是有一些可以编发副刊的"御用"人才的，比如王平陵、华林等等。《中央日报》副刊不可能交给亲近共产党的"左"派文化人、"左"派编辑和"左"派作家来掌管，那样国民党会失去这个重要的文化阵地。但也不应该交给王平陵、华林这样的"右"翼文化人办理，如果这样的话，不但投稿的人数会减少，也会降低副刊的质量和影响力。很可能是因为孙伏园在当时"左、中、右"三个派别当中，被划在了"中"的派别里面。所以，由名编辑孙伏园主理《中央日报》副刊，就是再合适不过的了。

孙伏园二十五岁即主编《晨报》副刊，当然，这应该说是与鲁迅的大力推荐和提携后学不无关系。虽然事后他们师生之间的关系错综复杂，但蒋星煜还是在孙伏园身上感受到了他与鲁迅一脉相承的文风。当时，鲁迅自己不仅应孙伏园之约写了大量稿件，也向孙伏园推荐了一批高水平的作者，在一定程度上保障了孙伏园的编刊质量。1921 年 12 月 4 日开始，《晨报》副刊开始连载署名"巴人"的小说《阿Q

正传》，"巴人"就是鲁迅当时的笔名。这个行动，显示了孙伏园过人的胆识。在连载过程中，孙伏园以自己的眼力，认为这个作品可以长一点再长一点，因为，他清楚地意识到中国现代文学的一座高峰正在他的手里崛起。鲁迅当时为了应对孙伏园对《阿Q正传》连载的催稿，常常觉得时间不够用，很想早日连载完毕，最后也确实是鲁迅乘孙伏园出差的一个月，赶紧让小说中的"把总"枪毙了阿Q。等孙伏园回来自然懊丧不已，但阿Q已经"死"了差不多一个月了。作品中的阿Q是死了，但中国现代文学画廊里从此多了一个栩栩如生的人物，阿Q的形象是如此的笔触简练而思想深刻，他撕开虚伪的面纱直击国民性又是如此的入木三分，以致阿Q的形象从诞生起便在中国妇孺皆知。

蒋星煜从鲁迅与孙伏园师生复杂曲折的关系中，也在一定程度上体味到了中国现代文坛的波澜变幻。后来，因为众所周知的北京女师大风潮，鲁迅和孙伏园师生之间亲密的关系出现了裂痕。那时，鲁迅完全站在进步学生这一边，对主张压制学生运动的女师大校长杨荫榆持尖锐批判的态度。而主编《现代评论》的陈西滢却主张对学生运动予以惩罚，并含沙射影地将矛头对准鲁迅。但是，令鲁迅先生大失所望的是，此时孙伏园却因《语丝周刊》和《现代评论》是兄弟刊物，间接站在陈西滢一边。后来，随着社会矛盾的进一步激化，随着"改良"和"革命"的分歧日益加深，这一对曾经创造文坛佳话的师生，终于分道扬镳了。

世间百态的复杂多变，文人之间的恩怨纠结，在这里，都让青年蒋星煜感同身受。

## 三、重庆文化名流的影响

战时的陪都重庆，国难之故，一时间，可谓藏龙卧虎、精英云集。当时避居"陪都"的许多前辈大家，如陈望道、茅盾、老舍等人，都是蒋星煜平日里所敬仰的，他都有心一一拜访。从某种意义上讲，抗战的硝烟烽火，倒给年轻的蒋星煜提供了一个向前辈大家学习讨教的特殊机缘。

1944年，日本军队对中国腹地做最后的疯狂进攻，国民党政府的一些官员却依旧过着纸醉金迷的生活，忙于高谈阔论。蒋星煜对此种现象感到迷茫苦闷，因此写了一篇《论华威》，并且加了一个副标题"华威的时代还没有死去"，其中的一些观点比较尖锐。陈原当时在重庆主编《民主世界》，蒋星煜把这篇《论华威》寄给他，很快就发表了。这篇文章的某些文字未能获得审查通过，所以发表出来的文章上有一处注明"此处被略去三百字"。后来1982年，中国社会科学出版社出版《张天翼研究资料》，还收录了此文，并且仍旧沿用保留了"此处被删去三百字"的原样，这算是特殊时期出版史上的特殊现象。

1945 年春，钱寿荃为蒋星煜所绘素描像

1945 年，蒋星煜在《论华威》发表的鼓舞下，更认为"华威是中国国民精神病状的凝结和综合"，同时，他在仔细研读了鲁迅的作品之后，又把华威和阿Q这两个典型做了一些比较性研究，撰写了文学研究论文《论阿Q周围的人物》，主要论述赵太爷以及假洋鬼子的虚伪、残忍和贪婪。稿子写好后，蒋星煜对稿子的质量并没有十分把握，想请一位前辈过过目、把把关，也可以放心一些，就把这篇文章寄给茅盾，请他提点指导意见。茅盾给蒋星煜回了信，他认为蒋星煜做的这方面研究很有意义，作为一种尝试，作为一种开端，他本人表示支持，并认为文章水准尚可，也可以发表。

蒋星煜一直记得茅盾的回信虽然不长，但字迹极为清晰工整。后来蒋星煜觉得非常可惜的是，茅盾的回信在多年转辗中遗失了。但是，蒋星煜清楚地记得茅盾信中表达的意见。后来在"十年动乱"后，这篇《论阿Q周围的人物》被人民教育出版社收入高三语文课本里面。

接着在 1945、1946 年，蒋星煜怀揣着"读万卷书，行万里路"的想法，经过周折，进入中央新闻社做了一名专事采访学术界人士的记者。不久以后，就是在盛传茅盾即将访问苏联前夕，蒋星煜又和茅盾电话联系了一次，说是打算以中央社新闻记者的身份对他进行一次采访，同时感谢他从前对自己的多方教导。茅盾在电话中很爽快地接受了蒋星煜的采访请求。但是，蒋星煜没有想到的是，这次采访引起了轩然大波。第二天，蒋星煜去上班，早上九时，采访部主任陈叔同和总编辑陈博生就把蒋星煜和一道前去采访茅盾的李朋叫到办公室，厉声呵斥他们："你们不能借国民党的中央通讯社，去宣传共产党的茅盾！"那次，陈叔同和陈博生足足训斥了他和李朋差不多有半个小时。

老舍是蒋星煜在重庆接触的另一位著名文艺家，当时他住在重庆南岸蔡锷路，蒋星煜住在南温泉时，曾经到市内"文协"去拜访老舍，但是都没有碰到。在南温泉住了一段时间之后，蒋星煜因故搬到了北温泉，他沿嘉陵江乘小划子顺流而下，只要花一个小时就可以到达北碚。他基本每隔两个月跑一次北碚，同时看望住在北岸夏坝的陈望道和住在南岸蔡锷路的老舍。

除了在文坛有一定的地位，老舍的人缘很好，1938年3月27日，在武汉成立中华全国文艺界抗敌协会（简称"文协"）后，老舍就身兼常务理事和总务部主任，事务性工作十分繁忙。整个抗战时期，"文协"有许多日常工作，如组织作家到抗战前线深入生活，慰问抗日将士，与外国文学艺术家保持联系等，还定期出版刊物《抗战文艺》等。老舍以作家身份负责这许多事务性工作，实际上是一个人做了多人的工作，不仅工作异常辛苦，而且生活异常穷困。老舍撰写的稿子不少，但当时稿费太低，一家子人要吃饭生活，因此日子始终是比较穷困的。

蒋星煜第一次到了南岸蔡锷路老舍住所，发觉这栋小楼并不豪华，装修和设施都很一般。更令人惊讶的是老鼠特别多，而且只只身材肥大，即使白天也不怕人，四处乱窜。蒋星煜和老舍谈话时，老鼠就猖獗地在他们身边窜来窜去。蒋星煜惊讶，老舍却见怪不怪，这时，蒋星煜才明白，老舍为什么把他的书房取名"多鼠斋"了。

蒋星煜拜访老舍，主要还是和老舍谈写作的事情。有一天，两个人谈着谈着，老舍就和蒋星煜感叹了生活上的事情。老舍说，自己已经戒了酒、戒了烟，现在连买茶叶都有困难了，看来也得戒了。这些倒在其次，重要的是因为老舍贫血严重，写作时经常头晕。老舍说，听人介绍说吃些猪肝可以好些，但是北碚买不到，偶然有卖的，却不新鲜。蒋星煜就说，自己住在北温泉的松林，厨房师傅每天一早就到澄江镇买菜，那边因为机关少，本地人多，买新鲜的猪肝毫无问题，他来帮助老舍解决猪肝的问题。老舍哪里肯如此麻烦蒋星煜呢，就连说那样不好，路这样远，送过来太麻烦了，绝对不行。

蒋星煜见老舍这样执拗，就跟老舍说，他并不是专程送猪肝过来，下次来看望老舍的时候，给他带上一两斤就是了。随后，蒋星煜再去看望老舍的时候，真的带去了两斤猪肝，老舍批评了蒋星煜几句，也是带有玩笑成分的，紧跟着就问明了多少钱，付了钱给蒋星煜。而且，还说如果蒋星煜不收猪肝的钱，他就绝对不吃猪肝了，让蒋星煜再带回去。如此这般，以后的几次，每逢蒋星煜带了猪肝去，老舍都付钱给了他。

那时候，老舍在中国文艺界作用十分突出，老舍不仅写了不少谈文艺理论、创作经验的评论文章，而且创作成果也很丰硕，比如直接反映抗日英雄张自忠事迹的话剧《张自忠》、表现抗日洪流的史诗小说《四世同堂》，以及诸多小说、诗歌，而这一切，老舍都是利用完成"文协"复杂辛劳的工作之后，抓紧点滴的业余时间创作的。这一点，很令蒋星煜佩服。

陈望道是《共产党宣言》第一位中文翻译者，他在修辞学、哲学、伦理学、文艺理论、美学等领域都极有研究，但他遇事冷静，性情温和且十分平易近人，是一位思想家。蒋星煜认为，陈望道先生对他的教导，和任何人相比都不尽相同。抗日战争胜利那天，蒋星煜去拜访陈望道，说话间，陈望道就问蒋星煜："抗战胜利，大家都欢欣鼓舞。你有没有想过，胜利以后，中国将会出现怎样的局面呢？"当时，年轻的蒋星煜还压根没有想过这个问题，只好老实说："我没有想过。"于是，陈望道很认真地对蒋星煜说："那好，你回去仔细想想。"

蒋星煜对这次谈话印象特别深刻，感到了陈望道的高见与远瞩确实非同一般。

此外，在重庆蒋星煜还结识了著名的"言情小说"作家张恨水。那时候，张恨水也避难重庆，1938 年开始，他供职于《新民报》，主要提供连载小说，报社并不要求他每天坐班。1941 年春天，蒋星煜从香港到达重庆之后，因为常去拜访孙伏园，听说张恨水住在南温泉，和自己住得很近，就也顺道去拜访了他。张恨水当时四十六岁，但是看起来最多也就四十岁的样子。他忙于写作不做家务，家务活全都由太太做了，张恨水每天要赶写三四部正在连载的小说，还要抽出时间来读书。他对待读书的态度让蒋星煜受益匪浅。他告诉蒋星煜，不读书就等于没有营养了，写出来的文字就没有了光彩。他还向蒋星煜介绍了自己时常翻阅的一些书的特色：《儿女英雄传》，语言生动、生活气息浓郁；《儒林外史》，人物性格刻画鲜明……谈到《水浒传》，他认为，金圣叹对《水浒传》的许多精彩批语都被读者忽略了，那些批语往往是出于一般读者没有发现、没有感受到的地方，因此他很欣赏金圣叹的敏感和观察事物的深度。

## 四、火热的大后方生活

抗战的热潮席卷华夏大地，抗战的热情也始终激荡在蒋星煜的胸中，一心向学的蒋星煜，在这样全民族抗战的火热背景之下，不可能静坐于书斋一角，他的目光所及，无法不注视着自己民族正在经历的巨大灾难。

早在1941年7月，年方二十一岁的蒋星煜，在《大公报》发表了一篇文章，角度非常新颖，谈一个美国人眼中的中日战争。这个美国人就是拉铁摩尔，他是时任美国总统罗斯福推荐给蒋介石的私人政治顾问。

当时，正值抗日战争胶着的时间段，蒋介石身边突然出现了一位可以说流利中文，甚至可以用宁波官话与蒋介石交流的美国人，引起了国民政府的高官们及社会各界的注意，这就是拉铁摩尔在中国抗战舞台上的首度公开亮相。美国总统罗斯福提他担任蒋介石的私人政治顾问，此前拉铁摩尔已经是一位中亚地区问题研究专家，他著作等身，拥有很高的国际声誉。长期在海外生活、工作，与众不同的成长经历，也使得拉铁摩尔观察问题时具有广阔的视野和深邃的洞察能力，这是一般书斋学者无法比拟的。尤其少为人知的是，拉铁摩尔1937即以私人身份访问延安，并与毛泽东等中共领导人会面，事实上这才是罗斯福提名他的根本原因。

除了开阔的视野和全新的观念，拉铁摩尔懂宁波官话也使蒋介石感到意外和惊喜。这是因为在拉铁摩尔幼年时，家里聘请的一位女佣人是宁波人。最常见的语言障碍，在蒋介石与拉铁摩尔之间就不存在了，他们完全可以用中文对话。拉铁摩尔对中国抗战的看法与一般的英美人士相比较，显得更加开明。

当时，蒋星煜认为，拉铁摩尔在一定程度上是对蒋介石起到了影响作用的。但是，当时重庆大小报纸竟然没有一篇文章对此做过介绍，为此，蒋星煜根据拉铁摩尔在《大西洋月刊》等报刊上发表的一系列评论，特意写了一篇文章，刊登在1941年的《大公报》上，题目就是《拉铁摩尔的中日战争观》。文中写道：

......

拉氏对国际问题的见解，完全是以"无敌国外患者国恒亡"为出发点，他认为外患并不一定是国家失败或覆亡的原因，相反的，外患有使国家为保护自身生存而力图自强以至复兴的作用。他对中日战争就是这种看法。但是他同时又看到中国和日本作战的物质条件是相互悬殊的，所以他逼切实地指出中国的战胜高度工业化的日本要经过一个极其艰苦的过程。他说："中国在抗战以前，是落后的国家。除非有更快的进步，更多的建设，是不能轻易得胜的。全国倘不一致的作壮烈的牺牲，拼命的拼命，出钱的出钱。在抗战期中，国民政府的力量必须大大的增加，并且改进民主机构，以全国利益为前提，以全国为后台，那么中国就能获得胜利。"这一段话说的是透彻极了。

　　……

　　这篇短文选择的角度非常好，以一个外国人的视角畅谈中日战争。而这个外国人的观点公允、客观，同情中国人民的抗战事业，同时，他独特的经历和丰富的见识，使得他的分析具有极强的说服力，列举的事例也翔实有力。

　　就在这样的社会环境里，蒋星煜以自学和写稿的方式，在那个特殊的时代、特殊的环境里成长着。这样的日子坚持了几年，中央政治学校教务长张道藩离任，继任者程天放曾经是蒋介石派驻希特勒德国的全权大使，身上很是沾染了当时德意志帝国军国主义独裁的作风，中央政治学校的气氛变得更加压抑了，蒋星煜觉得快要窒息了。这个时候，他不得不把目光投向更为广阔的天地。

　　蒋星煜到重庆足足三年了，对重庆的情况已经非常熟悉，工作之余，他常常去陶行知创办的育才学校欣赏演出，比如舞蹈家吴晓邦的演出，他就是在这里最初欣赏到的。除此之外，他也在不断拓宽自己的交往圈子。他很快就发现了一处好地方：中华教育电影制片厂。

　　于是，蒋星煜就设法去了中华教育电影制片厂工作，在电影厂里做了编辑。当时的中央电影制片厂，聚集了一大批进步的文艺界、电影界知识分子，如史东山、孙瑜等等，蒋星煜经常与他们一道探讨电影戏剧等文艺问题。

　　1945 年秋天，当美国人在广岛、长崎相继投下两颗原子弹后，8 月 15 日，遭遇重创的日本正式宣布投降。国民党的高官富豪们忙着飞往南京、飞往上海去接收战后资产。饱经战乱困扰的中国人民本该扬眉吐气，全力以赴投入战后建设的洪流中，但是，头上的阴霾似乎还是没有完全散去，大家心里依然存在着隐忧和不安。这时蒋星煜还住在重庆北温泉的缙云山中。和许多人一样，他在茫然中等待着命运的安排。

　　就在这时候，还发生了两件趣事。

　　蒋星煜此时还在中华教育电影制片厂工作。因为年轻，也因为一切都还没有落实下来，周边一群朋友和蒋星煜一样，也多少有些百无聊赖，他们开始玩起了桥牌。和蒋星煜对阵的一方，两个人都在测量学校工作，两地相距七华里左右，虽然不需要爬坡，但却要绕过一道险峻的山梁。他们双方就在这样的环境里，有时你来，有时他往。有一次蒋星煜他们去测量学校，玩得胜负难分，到了午夜才想起要回电影制片厂。出门一看，天上没有月亮，四野万山一片漆黑，但还是仗着年轻胆子大，就上路了。两人走到一片险峻的山梁时，忽然刮起一股腥味烈风，瞬间一只硕大的"山猫"从两人头上一跃而过，直奔山下去了。

第二天，两人醒来后，才知道昨夜里山中猛虎下山，咬死了农民家圈养的一头生猪，一问地点，正好是那片山梁下面的农家。直到此刻，他们俩才惊出了一身的冷汗。

还有一次也是跟打桥牌有关，那是去叶浅予和戴爱莲夫妇在北温泉的草庐打桥牌。那天到了叶浅予家，蒋星煜先独自翻阅了戴爱莲从国外带回来的精美画册，随后就被叶浅予夫妇逼着上了桥牌桌，那天大家打牌打得很是开心，谁胜谁负早就记不得了，蒋星煜只记得那两副牌是法国产品，非常精美。

过了一日，大家原本打算再大战一场，正逢舞蹈家吴晓邦在北碚举办他的个人舞蹈晚会，派人来请叶浅予、戴爱莲去观摩，还希望他们再邀请几位文艺界朋友一起去。这种机会当然是可遇不可求，就这样，原本要打桥牌的七个人，一起乘着小划子沿江顺流而下，去北碚欣赏吴晓邦的舞蹈专场。蒋星煜没有想到，这次在重庆欣赏吴晓邦的舞蹈表演，多年以后，倒成了他被迫离开戏剧史论研究，花几年工夫专事舞蹈评论的一个肇始。

看完吴晓邦的演出，大家又聊了一会儿。很晚了，回温泉就成了问题，小划子夜里不肯逆流而上，平时没有小划子可以骑马，此刻太晚了，马夫也不见了踪影。唯一的办法就是依靠双腿步行走回温泉，此外别无他法。

很幸运，月光很亮，但山路崎岖，这样的步行环境，确实是每个人都应该有个手杖才行。碰巧，昏暗的灯光下，看到街上的甘蔗摊正准备收摊，于是一人买了一根粗甘蔗，权当做手杖用。月色撩人，七个人每人一根粗甘蔗，很像武侠小说中的丐帮在夜里行军。后来，眼睛适应了月光，能看清山路了，似乎可以不用手杖了，大家就开始啃甘蔗了，等回到温泉，手里有甘蔗的，只有一两个人了。

# 第四章

# 巨变前夕的选择

　　我结识了重庆的一大批文化名流，其中就包括李石曾。李石曾是留法的国民党元老，早年致力于革命事业，一生富有传奇色彩。他热心于扶掖年轻后学，他决定尽快为我出版已经完成的书法专著《颜鲁公之书学》。

　　1949 年，中央通讯社从南京迁广州准备撤往台北之际，我决定离开，全部家当的三只大皮箱丢在了广州，没带一件行李，光一个身子，私自乘飞机回到了上海。

——蒋星煜

## 一、曲折出版的《颜鲁公之书学》

　　童年时期，受外祖父孙汾卿老先生的影响，蒋星煜对书法的兴趣非常浓厚。后来，父亲发现了他有这样一个爱好，特地为他买了《多宝塔》的一个不错的拓本，从此，蒋星煜就专心学习颜真卿了。书法艺术对学习者要求特殊，最好是具有一些童子功的，蒋星煜算是补足了这一课。在诸多的艺术门类之中，对于书法艺术，蒋星煜可以说是用了一些苦功。事实上，从小时候开始，他在外祖父影响下，学书法先是起于《瘗鹤铭》，临了一段时间之后，才临《多宝塔》、《麻姑仙坛记》等等，这些碑帖都是正楷。除此而外，行书里蒋星煜则是临钱南园《枯树赋》等。

　　随着对颜体学习和体会一日日加深，蒋星煜认为如果不对颜真卿的书法理论加以探讨，日后颜体的提高和发展会失去方向，这对整个中国书法艺术的继承都会是莫大损失。蒋星煜天性里的那种执著在这里起了很大作用，一旦他产生了兴趣的事情，任何人的干扰都是白搭，他一定想方设法要尝试着去完成。于是，他开始广泛搜集资料，随着相关材料的积累，撰写一本书法论著的想法也在逐渐形成。以此为基础，长期积淀之后，经过系统的思考，蒋星煜终于完成并出版了《颜鲁公之书学》这部专讲书法的论著。

在这本专著中，他探讨了自己书法学习中一直在思考的许多问题：例如"永字八法"是不是把书法艺术的要领都包括了进去呢？但为什么许多大家对之又有不同的解释呢？再例如颜体的原来面貌就是臃肿不堪的么？如果不是，那为什么又有人讥笑颜体是"墨猪"呢？又如，颜真卿是颜家和殷家的第九代子嗣，蒋星煜查阅资料，知道颜家和殷家都是北方的名门望族，而且两家世代通婚，在颜真卿之前已经通婚八代之久。近亲结婚可能会使后裔退化，生出白痴的孩子。可颜家和殷家通婚的第九代却生出了聪明绝顶的颜真卿，书法、文学都极有成就，而且还是当时著名的军事家、政治家。因此，理清颜家和殷家错综复杂的世系表，也是《颜鲁公之书学》的主要内容。

另外的内容就是历代学习颜体书法的人大致有哪些，他们学习的成果如何？颜真卿一生究竟写了多少碑帖，流传情况如何？哪些已经失传了？蒋星煜都对此做了一一考证。

由于在思考阶段就有许多自己的体会和见解，在此书的整个写作过程，蒋星煜可谓是始终兴致勃勃，他也自认为这是一次空前的创举，因为前人几乎没有进行过这样比较系统的研究工作。当然，也是出于对《颜鲁公之书学》的挚爱，蒋星煜更谦称这也是一种敝帚自珍的感情。

因为发表和出版不易，这种写作的兴致也似昙花一现，随即就陷入了无际的苦闷之中。那时候，满目抗日战争的连天烽火，在大后方本来就没有一本正常出版的书法艺术类期刊。随着整个太平洋战争的爆发，日本人步步紧逼，甚至进入濒临后方的贵州省，本来有限的几本期刊也延期出版甚至停刊。蒋星煜辛辛苦苦写就的《颜鲁公之书学》，甚至没有一个章节可以发表，要想出版单行本，就更是难上加难，近乎做梦。

不久，因为中国军民奋力抵抗，日本军队的攻势就受到了牵制，随之，重庆局势也趋于稳定。但是，这本《颜鲁公之书学》的命运却没有根本好转，一直到抗战胜利，它都没有被人重视，也就几乎没有出版的指望。蒋星煜把《颜鲁公之书学》视作自己的命根子，生怕遗失了书稿，但那时候又没有复印机，无法复印，当然即使有，他也付不起复印的费用。于是，为了安全起见，就决定自己用墨笔誊写一遍。书稿有了两本，蒋星煜这才放心不少。誊写用的是十分端正的颜体蝇头小楷，工整干净，比第一稿要漂亮许多。那一年，蒋星煜二十岁，誊写《颜鲁公之书学》大概用了半个月时间。

复旦大学教育系的沈子善教授这个时候帮助了蒋星煜一把。当时复旦大学的职员住在北碚夏坝，与蒋星煜住的北温泉相距十里左右。沈子善当时组织了一个中国书学会，还办了一本丛刊，名为《中国书学》。沈子善在《中国书学》上发表了蒋星煜《颜鲁公之书学》的第八章"颜鲁公书学四点辩证",内分"墨猪辩""屋漏痕辩""蚕头鼠尾辩"和"磨窝大书辩"四节,差不多4500字。《中国书学》因为发行量很小,当然没有稿费,赠书也只有一本。但《颜鲁公之书学》能够跟大家见面,虽然是以很零散的形式,蒋星煜也已经非常满意了。

抗日战争胜利之后,蒋星煜又一次燃起热情,千方百计与学术出版界人士联系,希望自己付出艰辛的《颜鲁公之书学》能够出版。但是,谈何容易。战乱甫过,大部分学界人士的书稿都找不到出路,还无法出版呢。也是巧事,辞典编辑专家杨家骆那时候住在温泉寺铁瓦殿,他与蒋星煜结识以后,两人经常在一起谈论经史子集。杨家骆看完了蒋星煜的这部书稿后,觉得很不错,给了很高的评价。但是,说到出版事宜,杨家骆对《颜鲁公之书学》前景也不看好,觉得是一件棘手的事情。再说《颜鲁公之书学》书名过于冷僻,向书店、出版社推荐,也不一定有多大作用。

很幸运的是,国民党留法元老李石曾就是在此刻出场的。当时杨家骆找到蒋星煜,请他帮忙一起编辑《世界学典》,而《世界学典》则是李石曾主导编撰的。就在编辑《世界学典》的过程中,一个偶然机会,杨家骆介绍蒋星煜认识了李石曾。

李石曾字石僧,原名李煜瀛,笔名真民,晚年自号扩武,高阳人。出生于公元1881年(清光绪七年)。其父李鸿藻是清朝咸丰年间的进士,任过同治皇帝的老师,也做过各部尚书和军机大臣,是显赫一时的晚清重臣。五岁的时候,李石曾还被其父李鸿藻带到慈禧的跟前过,慈禧见他行礼如仪,曾夸奖他日后必有出息。李石曾早年致力于革命,一生极富传奇色彩,是著名的社会活动家、中国近代史上的重要人物。他也是国民党四大元老之一,早年曾发起和组织赴法勤工俭学运动,为中法文化交流做出了很大贡献。

抗战时期,李石曾在重庆已基本上淡出政界。然而,文史知识丰硕的李石曾影响力还在。杨家骆是在帮助李石曾编辑《世界学典》相关章节的过程中,想到蒋星煜在这些方面学有所长,就请蒋星煜帮忙,一起参与编辑。这次合作,使得大家都对彼此留下了一个最初的好印象。李石曾要离开重庆东行之时,一个偶然机会,杨家骆和李石曾谈到了蒋星煜的《颜鲁公之书学》,特意提到书里第十章"颜鲁公书帖之流传"中说道"民国成立之后,李石曾家藏《刘中使帖》真迹"一句,杨家骆问李石曾:您家里是否真的藏有《刘中使帖》?

这句话使李石曾大吃一惊,原来他家里的确藏有《刘中使帖》真迹。于是,杨家骆介绍蒋星煜认识了李石曾。李石曾在专门和蒋星煜接触交流之后,好印象进一步增强,认为蒋星煜既年轻又有一定的才学。几经畅谈,他对蒋星煜更是赞赏有加。李石曾也很豁达,并没有进一步追究蒋星煜是如何得知他家这个秘密的。他本身并不是书法家,也没有多少时间翻阅这样一部重考证的书法论著。但他答应为此书的出版进行运作，尽快为蒋星煜出版这部著作。

李石曾的许诺，当然令蒋星煜心存感激。蒋星煜当时住在缙云山中，基本上不去重庆市区。《颜鲁公之书学》的原稿就请杨家骆代交给他，对杨家骆和李石曾，蒋星煜当然是很放心的了，更何况，他还有一部花了半个月誊出来的毛笔工楷清样在身边，也就可以做到完全放心了。

1946年，蒋星煜从重庆绕道宝鸡、西安回上海的时候，世界书局编辑部的编辑来信与蒋星煜联系，告知他说李石曾现在担任世界书局的董事长，《颜鲁公之书学》一书将由世界书局出版。这样，出书的事情就基本定下来了。

书局的编辑随后和蒋星煜确定了《颜鲁公之书学》封面及题签等问题，确定封面题签就用书稿上蒋星煜的手迹。蒋星煜原想请一位书法家题写，但编辑坚持认为，研究颜体书法理论的著作，当然还是用颜体书法最为妥帖，而作者蒋星煜既研究颜真卿书法理论，又可以书写颜体，那是相得益彰的事情，大可不必再另请别人。

这位编辑还告诉蒋星煜，李石曾已经延请沈尹默在审查稿件，这本书稿通过审查，应该是没有什么问题的。因为沈尹默是如今书法界最具权威的人士。但编辑这句话，还是令蒋星煜大吃一惊。蒋星煜完全承认沈尹默在书法界的权威性，也很敬仰沈尹默出众高超的书法艺术，但是，沈尹默的书法艺术和颜体在流派和传承上并非出于一路，而且，在《颜鲁公之书学》第一章"颜鲁公之人格与书学"中，蒋星煜有这样一段话：

> 沈士远《跋陈伯稼颜鲁公碑帖目》曰："儿时塾师授余兄弟赵孟頫书，谓习是书可以工书法，博时名。仲弟临抚，辄肖，书以日进。余则手拙如僵，而于轻倩绰约之姿，尤非所宜，屡作而屡辍。继而知孟頫之为人，则怂然曰：'侧媚乃如其书，虽工亦奚以为。'遂弃之不复省。稍长，得颜鲁公书，观其大气盘旋，精彩郁勃，与贤豪长者相揖于一堂，心焉好之。"

这段话里面沈士远所说的"仲弟"，就是沈尹默。这样一来，蒋星煜就感到李石曾是有一点马大哈了，把这样一部书稿交给沈尹默审阅，会使得沈尹默和书稿作者都感到比较尴尬。

沈尹默对这段话肯定是有一些意见的，因为他一直不承认师法赵孟頫，只说自己师法王羲之。但是，蒋星煜在《颜鲁公之书学》中引用了沈士远的原话，让沈尹默又无从辩驳。

沈尹默究竟是一代大家，他不仅没有否定《颜鲁公之书学》这部书稿，而且还表示了赞赏。他专门写了一封信给李石曾，说蒋星煜这本书法著作"条贯详明"，

"用力可谓深矣"。这个意思是说蒋星煜这本书法著作写得还是有条理的，也是下了一番功夫的。虽然这本书也让他觉得"评断前贤，过于勇敢"以及"此自关于年事，未可厚非也"，当然这也是客气委婉的说法，但也认为这本书出于如此年轻的作者之手，即使有点欠缺，他也采取了宽容的态度。

这样，沉浮多时的《颜鲁公之书学》书稿，终于正式出版得以面世。《颜鲁公之书学》1948年由世界书局出版。1949年以后，台湾的世界书局重印了此书。关于这部专著"写作的艰辛、写成后的寂寞、出书的困难、谋求重印所受的冷遇以及动乱年代为之挨斗的经历"等等情形，以及其中的诸多曲折以及所涉人员的来龙去脉，蒋星煜至今记忆犹新，有时想起来，心中仍然不能平静。

## 二、与胡适的交往

1945年，日本宣布投降。从1945年下半年开始，延伸至整个1946年，抗战时迁往重庆及西南的政府机关、大学，各式各样的机构纷纷回迁。不知什么原因，中华教育电影制片厂却一直没有动静，按捺不住的蒋星煜旋即打算选择自费东回。前文已经提及，在这个时候，他心里又产生了一个很明确的想法，他觉得，中国文人自古追求的意境不就是"读万卷书，行万里路"吗？六年的战时重庆生活，"读万卷书"业已完成，现在，他要完成的就是"行万里路"了。

这个时候，蒋星煜觉得，新闻记者应该是最方便完成"行万里路"的一个职业了，于是，蒋星煜请张道藩给已经迁回南京的中央通讯社社长萧同兹写了一封信，提了自己要当记者的想法。萧同兹回信说，中央通讯社的记者已经基本齐备了，再进人恐怕不容易。蒋星煜继续争取，他表示自己擅长采访学术界和文化界的人物和事件，如若给他这个机会，他可以发挥专长。而这一点，正是当时中央通讯社的薄弱环节。这个理由说服了萧同兹，他也觉得中央通讯社过去在文化艺术方面一直就是一项空白，现在既然有了合适的人选，填补一下这个多年空白也是很好的。

就这样，蒋星煜到了中央通讯社。在担任记者之后，接触的人物更多，接触层面也多少与此前有所不同。有一次，胡适在中央研究院讲解《水经注》。《水经注》的内容包罗万象，胡适从赵一清对《水经注》的卓越贡献讲起，或许也有一点剑走偏锋的意思，也从另一方面证实了他知识的渊博。不过，胡适也就是简明扼要地讲了要点，并没有系统详细地做阐述。即便如此，现场也没有一个记者能够记录下他的讲话内容。当日参与报道的中外记者都好似遇到了难以逾越的障碍，一时间，似乎竟无人能够下笔完成稿件。在座的记者中，只有蒋星煜觉得完成这篇报道不成问题。当然这与蒋星煜多年学术积累带来的自信有关，因为还在家乡溧阳的学生时

1947 年南京中山陵留影

代，他就读过胡适的一些著作，把赵家璧收入《中国新文学大系》之《理论卷》里的胡适的文章几乎通读了一遍。蒋星煜还认真做了思考，第一，他认为胡适的中外古今知识十分丰富，对中外古今的文化和学术情形非常熟悉，涉猎广泛、知识渊博。胡适说治学的基础要宽广，就像堆金字塔，基础宽广塔尖就高，也是言之成理。这一点，对蒋星煜日后的治学之路影响深远。第二，他认为胡适在《文学改良刍议》里提出的"文学革命"口号，非常新奇。胡适不仅是最早主张"文学革命"的，而且对这个主张也论述得条理清楚，通俗明白。在中央政治学校图书馆四年的读书期间，蒋星煜对《水经注》的版本也做过一些研究，不仅知道《水经注》是中国古代重要的地理学经典著作，更知道胡适当天的讲解重点并非是对他影响最深远的戴东原对《水经注》的研究成果，而是详细论述了赵一清对《水经注》研究的卓越贡献。这样，蒋星煜就有了相当的把握，觉得自己是可以完成这篇稿件的。

胡适当场就审阅了报道初稿，对蒋星煜的稿件很是赞赏。不过，粗读之后，胡适还是留下蒋星煜，对报道内容做了进一步的斟酌修改，稿件本来就不算太长，很快也就定稿了。

通过这件事，胡适对于蒋星煜也多少有了一点了解，尤其是对他的学术能力已有所察觉，满意之余，随即决定了三件事情：其一，今后自己学术活动以及讲座的报道，只要涉及学术问题，就只邀请蒋星煜这个新记者参与，其他记者就一概不再通知了。因为即使跟其他记者交谈，他们也未必听得懂。其二，如果他在南京，除了必须要开的会议，白天就不再留在中央研究院的历史语言研究所内，而是去龙蟠里的江苏国学图书馆看书，他叮嘱过馆长柳诒徵，一般不让别人打扰他，把他"藏"起来。但是，蒋星煜享有例外权利，可以随时去找他。其三，胡适又感叹道，新闻记者接触的面很广，每次的采访活动事先也无法预料会遇到什么人，遇到什么情况，所以身为新闻记者，除了文字表达能力要强，社会科学、自然科学的基础都要具备一些。如果可能的话，将来北京大学准备增设一个新闻系。

采访胡适宣讲《水经注》论文任务的完成，无疑成了蒋星煜在中央通讯社入职之后的一个精彩亮相，他在中央通讯社的位置，就此得以确立。

胡适应该是对蒋星煜一生的学术生涯起过一些潜移默化作用的，他也是中国近现代风云际会时期一个响当当的人物。有过面对面地接触后，蒋星煜眼中的胡适，有着与一般文章中的胡适不一样的况味。

还是在那次胡适宣讲《水经注》的活动上，胡适刚一讲完，上海商务印书馆创办人之一张元济即在大会现场当面痛斥胡适："现在是什么时候了，你还在谈什么《水经注》？"因为张、胡二人都是当时社会上享有显赫声誉的人物，因此事件本身的影响，已经远超出了学术新闻的范畴。张元济当时还讲了不少话，众目睽睽之下，的确使得胡适很是难堪。但在场的蒋星煜观察到，胡适当时还是很平静的，尴尬之中保持着镇定、尊严，并没有为自己做任何的辩护或解释。其实，这一事件，也是事出有因的。当时国民党与共产党的内战正酣，国内时局动荡，物价飞涨，严重影响了老百姓的衣食温饱，也可以说，老百姓的生活当时已濒临绝境。在这种形势下，张元济的责难未必就是针对胡适个人，而是出于一种忧国忧民的心态。胡适有着超越一个普通知识分子的广泛社会影响力，他是前任中央研究院院长，又是北京大学校长，以他的影响，倘若关心时局政治甚至干预政治决策，其影响力几乎无人可以阻挡。所以，蒋星煜认为，张元济此举用心良苦，乃是激愤之下一种率性的表态。

胡适自北平南下，蒋星煜事先得到确切消息，就到了中央研究院历史语言研究所等他，一前一后差不多也就是三四分钟吧。胡适一进屋子，就忙着脱去御寒的衣服，此时正是北方寒冷的季节，一来天气冷，二来飞机上那时也不暖和，他在北平登机的时候就穿了比较多的衣服。南方稍为暖和一些，屋子里更温暖，所以胡适进了屋子，已经在擦拭汗水了，衣服是脱了一件又一件。然后，哈哈一笑，对蒋星煜说了一句颇有些哲理意味的话，"世间有些事情，大概也需要把外衣一件一件脱去吧"。蒋星煜记住了胡适无意之中说的这句话,认为它极富内涵。这句话也许可以解释胡适一生中许多不同常人的举动。

胡适那时候已经名扬海内外了,出于对青年蒋星煜才华的赏识,允许蒋星煜随时去国学图书馆找他。蒋星煜倒也真去国学图书馆找过他两次,却从来没有向他提起过政治方面的问题,况且当时的上级也没有给他安排这方面的任务。当然,蒋星煜很清楚,自己即便问了政治,胡适也未必就一定能够给他明确的答复。不过,蒋星煜却趁着这些难得的机会,了解了不少胡适的家庭生活琐事。那时候,胡适主动告诉蒋星煜,他的儿子在上海的中国航空公司工作。蒋星煜就问他,为什么没有要求儿子做文史哲方面的研究工作。胡适回答说:"他现在收入比较高,在经济上没有任何困难。"战乱期间,一代学术大师胡适并没有强求自己的孩子继承他的衣钵,还是先选择了安身立命。

此外,蒋星煜对胡适个人的婚姻表现,不仅感到大出意外,而且也钦佩不已。胡适那一代人中,作为"五四"新文化运动的思想界先驱,包括鲁迅、郭沫若等,在婚姻上都没有一直遵从父母之命、媒妁之言,而是竭力主张婚姻自由,在挣脱旧婚姻束缚之后,都以极其自主的方式组建了新的家庭。在胡适的生命历程中,有不少追求他的女性,尤其是在胡适留学美国期间,对他表达爱慕之情的中外美女才女也不乏其人。但是,胡适却与发妻江冬秀一直亲密温暖恩爱无间,他们的婚姻生活始终如初。江冬秀的文化水平,可以说与胡适有着天壤之别,两人毫无学术上的共同语言,胡适却可以无怨无悔地忍受下来。蒋星煜设想,胡适肯定是替江冬秀着想而甘愿牺牲自己,胡适清楚如果他与江冬秀分离而另择佳偶,江冬秀的一生很可能将在凄苦苍凉中度过,所以,胡适终究选择了"执子之手,与子偕老"。

1949年,解放军百万大军横渡长江,胡适被中共列为战犯,出乎不少人的意料。蒋星煜当时推测,胡适之所以跻身"战犯名单",可能还是要追溯到国共内战时期。当蒋介石嫡系胡宗南部队攻入延安之后,蒋介石急于召开所谓"国大",进行"总统选举",当然,这一切都是在"民主"的旗号下进行的。主角是蒋介石,配角当然也不少,但都是军政界人士,其中只有一个胡适是学术界人物,因此显得比较抢眼。

1949年4月,胡适去了美国,并于1950年在普林斯顿大学的东亚图书馆担任馆长。也说明他一生志向并非政治,学术始终是他魂牵梦绕的追索。因为有着近距离的接触,知之甚多,所以胡适算是对蒋星煜的学术生涯有所启发的。何况,胡适学术涉猎范围之广,对学界后学不遗余力地奖掖之举,他在中国学术界倡导"但开风气不为师",其所起作用更是远远超越一般学者。得知胡适去美国的消息时,蒋星煜正在广州做逃回上海的打算,一时间百感交集,心里说不出是何种滋味。于是，他用调侃的笔法写了一篇《送胡适博士赴新大陆序》，稿件直接交给《大光报》主笔卢豫东安排编辑编发。这篇稿件，蒋星煜未署真名，而是署名"落选院士"，因此，除了卢豫东，应该无人知晓此稿为谁所撰。

## 三、激情燃烧的青春岁月

1949年，战场上，人民解放军的攻势如秋风扫落叶一般。全国解放的日子指日可待，国民党对舆论控制与战场上表现一样，处于超高度戒备之中。中央通讯社内部空气紧张，人际关系也比较复杂。通讯社采访部主任陈叔同是素有蒋介石"文胆"之称的陈布雷的亲弟弟，平日里在办公桌上放一瓶毒药，起恐吓作用。但蒋星煜初到中央通讯社，他对蒋星煜采取的倒是拉拢、迁就的手段。

在中央通讯社，蒋星煜也只和少数几名记者来往比较密切，其中有两人是西南联大毕业生，一个是负责财政经济新闻的邹克定，一个是负责外交新闻的李朋。另外还有一个年龄稍长的前辈，即当时担任资料室主任的黄芝冈。邹克定与财政部部长的发言人、中共地下党员黄苗子是好朋友。李朋因为负责外交，还介绍蒋星煜认识了苏联驻华大使馆文化参赞费德林。

李朋也算是中央通讯社的活跃分子，非常时期，陈叔同对他十分防范。当时，中央通讯社记者外出行动，必须有京沪杭警备司令部特别通行证。蒋星煜认识南京监理所所长陶普汉，就帮李朋办了一张驾驶执照。这个陶普汉原来在重庆时是侍从室第三处的收发室工作人员，与蒋星煜在重庆北温泉相识，当时明知李朋没有参加驾驶员考试，陶普汉还是当着蒋星煜的面把驾驶证发给了李朋。这样，李朋外出办事就十分方便了。听说李朋后来随国民党去了台湾，1951年，因为被著名的"吴石案件"所牵连，在台湾被枪杀。之所以说"吴石案件"在当时非常著名，是因为其牵涉人物之多、影响之广，及中共在台情报组织受波及人员之多，前所未有。几年前热播的电视剧《潜伏》，其主人公身上就有吴石的影子。当然，李朋的影子在电视剧中也可以找到。

疾风暴雨的1948年霍然而至，深秋，南京。

天堑长江成为国民党抵抗解放军的最后一道天然屏障，以上海、南京、杭州勾连起来的长江三角洲地区，成为国民党政府在大陆试图稳固后进行反扑的最重要基地，一时间，这一地区被白色恐怖所笼罩，国民党政府首都所在地的南京城就更是戒备森严，军警密布，镇压、流血事件随时都在发生。

有一天，素来与蒋星煜关系不错的邹克定悄悄约蒋星煜出来，然后跟蒋星煜耳语，约他一起去黄苗子家里，说是有重要的事情商量。两人随后按约定时间到了黄苗子府上，当时情形让蒋星煜觉得多少有一点异样，因为除了黄苗子、郁风夫妇在等他们，客厅里又走进了金山和张瑞芳。此前，外界只知道这两人还在长春电影制片厂，谁知他们已经悄悄到了南京。

大家还没有来得及寒暄，金山和张瑞芳就一起对蒋星煜说："长春已经解放了，考虑到解放战争还只是开了个头，电影界有很多工作需要我们做，领导上决定我们暂时不要暴露身份，先离开长春南下。至于长春电影制片厂，所有的人员、器材，我们根据党的指示，早已经做了妥善安排，都没有什么损失。一旦将来解放，恢复电影厂制片业务，问题不大。外界关心我们安危和行踪的朋友、观众不少，他们也在担心长春电影制片厂在解放过程中的损失是否严重，这一切，我们希望你能用报道或访问记的形式发布出去，好让大家放心。"

重庆时期，蒋星煜就曾与共产党人交往。他曾经不自觉地帮助掩护过中共地下党何遂、何康父子。当时，何家因为承办地下党的重要活动，中共党员多有聚集，就以家里有人结婚办喜事为名，掩人耳目。当时，何遂、何康父子曾经让蒋星煜在电影厂借了300只灯泡装点气氛。蒋星煜平日对何家父子多有好感，就照办了。解放后，何康曾经出任国务院农业部部长，但蒋星煜却从来没有再去联系过他。这一点，也是蒋星煜一贯的作风。

此次共产党直接请他办事，蒋星煜当然没有多少犹豫就应承下来。听了金山和张瑞芳这番坦诚的话语，蒋星煜内心很感激金山、张瑞芳、黄苗子、郁风四人对他的信任，同时开始考虑如何把这件事情做好，尽快把信息发布出去。这件事情的难度很大，说穿了，其实就是要利用国民党的报纸，给共产党发布一则有关电影文艺方面的重要信息。

金山、张瑞芳他们几位见蒋星煜没有立即表态，马上就补充了几句："我们知道你有难处，无论发消息写访问记，我们的目的只有一个，把这情况让大家知道，至于措辞，你当然只能站在中央通讯社的立场，也就是用国民党通讯社的口吻。对共产党、解放军，当然不可能歌颂，我们理解。"

既然他们几位都这样说了，蒋星煜也就觉得基本没有什么问题，当即正式接受了这样一个分量不轻的托付。回到中央通讯社，蒋星煜发挥自己的写作能力，巧妙地写了一篇通讯稿。送审以后，中央通讯社上下各层审查，居然也没有发现什么问题，没有任何删改，就向全国发布了。

稿件发出以后，鉴于南京城里紧张的局势，蒋星煜没有再与金山、张瑞芳、黄苗子、郁风他们几人见面。通过邹克定，蒋星煜只知道他们对这篇稿件基本上还是满意的。在那样的环境制约下，加之当时那样的严酷条件限制，稿件写到这个程度，他已经发挥了自己最大的聪明和才智。

1949 年 2 月，中央通讯社遣散了三分之二的人员，留下陈叔同坐镇南京，其余三分之一的人员南下撤退到了广州。在一片混乱中，坐等国民政府代表团与中共代表团的和谈结果。这个当口上，蒋星煜也随大队人马去了广州。

作为一名热血、爱国的青年知识分子，蒋星煜在内战致使百姓民不聊生、生灵涂炭的当口，又一次拿起笔，针对一段时间甚嚣尘上的"国民政府与共产党政府以长江为界分江而治之"的论调，在广州最大的报纸《大光报》上用真名发表了一篇长文，反对在中国推出以长江为界南北朝式的割裂统治。

在这篇名为《南方与北方》的长篇文章中，蒋星煜写道：

> 从文字学的研究上，我们知道中国人的方位观念形成得很早，最初是东、南、西、北四个方位，其后有进一步增加东南、东北、西南、西北，而为八个方位。方位观念发展到这一阶段，便因为整个自然科学的贫乏，而陷入停滞状态了。至于东东南、西北北等这八个方位，一直到欧学东渐，传教士在中国播植了近代天文、气象、地质诸科学的萌芽之后，才在学术上比较普遍地被习用。
>
> 就方位论方位，其为东，其为南，其为西，其为北，原无吉凶优劣可言，但是传统观念上，中国人对于南方特别赋予好感，易曰：圣人南面而听天下，澄明而治。史记曰：王独布衣也，义不北面于燕。这是以君为南，以臣为北。
>
> ……

在这篇文章中，蒋星煜先从南北方位概念的成型谈起，由自然史观讲到社会文化发展，再转入中国历史和社会政治变迁，最后明确了自己的观点，即中国不可以分治，历史发展证明，中国必须是一个统一的中国，方可繁荣发展，强大昌盛。

这篇文章自然是蒋星煜的心声了，也是所有正直的人们发自内心的呐喊。但是，文章的发表却在那个特殊时期给他带来了麻烦。一批主张分治的两广地区军阀、政客对这篇文章非常反感。甚至有人主张逮捕蒋星煜，或者强行将他带往台湾查处。

这个时候，国共两党和谈破裂的消息传来，更使蒋星煜坚定了自己的选择。毫无疑问，他选择留在大陆。于是，他悄悄地、迅速地将最重要的书和最好的衣服整理了三大皮箱，准备随身带走。随后，他偷偷办好机票，跟什么人也没有讲，径直飞回了上海。由于乘机时行李无法装运，蒋星煜也不想引起什么大动静，三个大皮箱被留在了广州，使他蒙受了重大的损失。

不到长城非好汉（1981 年摄于北京长城）

其实，蒋星煜当时的身份，既不是中共地下党员，也并非留用人员，今后的道路怎么走，说实话，他的心里并不是十分清楚，那时候，以他所处位置，也是可以有多种选择的。但是，在重庆和南京，他已经用多种形式和进步人士以及中共地下党员取得多方面联系，还冒着危险为地下党做了一些事情。因此，有一个想法确实是很明确的，就是不管将来如何，他当时就想着留在上海，等待解放。

# 第五章

# 坎坷艰辛的学术生涯

1949 年 12 月，我经人推荐到了上海市军管会文艺处。在这里，很庆幸遇到了主要负责剧艺室戏曲工作的伊兵，他此前与我素不相识，但却对我十分信任，把重要的工作交给我做。这一段经历，在我新的人生阶段开始的时候，更加坚定了我学术人生的信念，为以后承受各种各样的人生风雨打下了坚实的基础，也做好了准备。

——蒋星煜

## 一、从上海军管会到华东文化部

1949 年，政权变革的临界点，蒋星煜从广州仓促间飞回上海。随后上海解放初期，他原本想自己毕竟是复旦大学会计系肄业生，就打算去某一家大企业找一份工作。但是，战争刚刚结束，大企业普遍业务不佳，一般都在紧缩人员和开支，当时要进大企业工作，也并不是想象中那么容易。

这年年底，经人推荐，蒋星煜到上海市军管会文艺处报到，总算有了一份比较稳定的工作。从此，蒋星煜正式加入体制内的专业工作，开始与各式各样的人打交道。以戏曲工作为主的剧艺室负责人伊兵，此前与蒋星煜素不相识，接触以后，却对他十分信任，时常把重要的工作交给他去做。这大概是出于伊兵对蒋星煜的初步了解，或者是一种人与人之间的直觉。那时候，剧艺室统共有四十余个人，由于蒋星煜的经历比较特殊，大部分同事对他有些意见。还曾经召集过大型批判会，集体批判蒋星煜。令蒋星煜记忆尤深的是，负责人伊兵一般不参加这样的会。后来蒋星煜明白了，伊兵这是在用他的行动表明态度，他对批判年轻知识分子蒋星煜的这种行为，非常不以为然。

1950 年，上海市军管会文艺处撤销，五分之四的人员并入上海市文化局，因为体制多次转换，蒋星煜以后也曾在文化局工作。当时担任文化局戏剧处处长的是刘厚生，刘厚生早年毕业于国立戏剧专科学校，解放后一直从事戏剧戏曲革新的工作，后来还曾担任中国戏剧家协会副主席。与此同时，另外五分之一人员被分派到新成立的华东文化部。后来，也是体制转换原因，华东文化部又被一些人称为华东文化局，不过当时伊兵先是担任着华东文化部戏曲研究院秘书长，蒋星煜被安排担任华东文化部戏曲研究院编审室资料研究组的组员。

1950 年，蒋星煜结婚了，那年他刚满三十岁。新婚的妻子王国霞生于 1931 年，是芜湖王广兴米行老板的小女儿，单纯、可爱，她是在芜湖教会学校读完高中的，那一年刚好十九岁。婚礼是在衡山路 10 号军管会文艺处举办的，有着那个时代浓郁的特征，质朴、素雅，所谓婚宴也就是准备了几盘冷餐的一个冷餐会。军管会特意发放了两套新军装作为蒋星煜的礼服。

安徽芜湖号称江南"四大米市"之一，王家的米行包括码头、加工厂以及批发业务在内，可以想见女孩子王国霞是在怎样优裕的家境中成长起来的。他们两人是在蒋星煜去芜湖游玩时，通过安徽的朋友介绍认识的。组建这个幸福的家庭，一开始也并不容易。因为当时蒋星煜已经在上海军管会工作，而女方的家庭则在安徽芜湖。而且两人的年纪相差十一岁，这样的年龄差异在当时的平常百姓中并不常见。因此，一开始，女方的家庭对他们的结合是持反对态度的。

事情的转机与蒋星煜所从事的专业有些关系，或者可以说是与他的天分和努力有些关系。女孩子的父亲虽然是做实业的，却是关注文化、喜欢读书之人。就是那么巧，他看过蒋星煜早年间的两本书——《中国隐士与中国文化》和《颜鲁公之书学》。了解到这些情况后，他对蒋星煜有了好感，随后态度发生了转变，同意了这门亲事。

结婚后，王国霞没有犹豫，告别双亲和优裕的家庭生活，毅然追随蒋星煜来到上海。王国霞毕业于芜湖的教会学校，有一定的文化基础，到了上海很能适应生活环境，再加上蒋星煜当时的稿费收入不菲，妻子也无需工作，两个人的生活过得甜蜜美满。

正式组建了家庭以后，蒋星煜的工作和生活也稳定了下来。随着日常工作的展开并逐步稳定，华东戏曲研究院领导们的分工也逐渐明确，院长周信芳是卓越的表演艺术家，副院长是著名越剧表演艺术家袁雪芬。两人的演出任务重，一些必要的社会活动有时候也不能不参加，院里具体的行政工作，尤其是政治思想工作，由先后任秘书长的苏堃、伊兵负责，十分重要的事情，当然要先和院长周信芳先交换意见，取得共识，大的报告一般是秘书长来做的。周信芳十分理解、赞成这种分工。

蒋星煜的行政工作范围主要是辅导戏剧、戏曲的创作和演出，看戏和观摩各种文艺演出也是主要的工作内容，而且并不局限于戏剧戏曲，也包括音乐、舞蹈等。

蒋星煜（台前右三）在上海师范大学参加文学研究座谈会（1986年）

周信芳是海派京剧的代表人物。他出身于梨园世家，七岁时以麒麟童（七龄童）的艺名登台献艺，生活之清苦艰辛可想而知。可他并未因为生活艰难而放弃努力，自幼如饥似渴地读书学习，很早就精读了《史记》、《汉书》等典籍，随后又浏览了"二十四史"中的其他历史典籍。周信芳发现蒋星煜是一个博览群书的人，时常喜欢和他谈一些历史掌故之类的话题，在他的印象里，周信芳似乎对艺术的真实和人物的真实之间的关系有着浓厚兴趣。周信芳此时正打算对自己的几部代表作，如《四进士》、《打严嵩》、《清风亭》、《乌龙院》、《萧何月下追韩信》等做一些整理，进而形成定稿。两人交谈一段时间之后，周信芳亲手把《萧何月下追韩信》一剧的原稿交给蒋星煜，同时转告了田汉亲笔写的几条意见，请蒋星煜帮他拿个主意，哪些可以保留，哪些应该删改。

蒋星煜深深感到了这个任务的重量，赶紧跟周信芳再三声明，对京剧，自己知道的并不多，恐怕难以担当如此重任。因为两人已有过多次交谈，周信芳对蒋星煜已经颇为了解，就说："你对《史记》、《汉书》比我熟得多，这事情当然得找你。"

蒋星煜那时候算是周信芳的部下，也就只好服从安排，他虽然自认为勉为其难，可周信芳还是认为自己选对了人。1955年中国戏剧出版社推出《周信芳演出剧本选集》，后记中周信芳特别注明《萧何月下追韩信》由"蒋星煜协助整理"。

在华东文化部工作期间，还有一件事情让蒋星煜终身难忘，那就是与陈望道先生的交往。蒋星煜与陈望道相识在抗战时期的重庆，抗战后重庆一别，两人几年没有见面。再次在上海相见，此时陈望道已经是华东文化部副部长兼任复旦大学校长。虽然如此，陈望道却没有忘记蒋星煜这个学术上很有些见地的青年，因为两边兼职，陈望道一周有四天时间在复旦大学，只有两天时间来衡山路 10 号的华东文化部办公，但就是在他来文化部办公的这两天，只要下班前忙好公务，有一点空余时间，他就会让机要秘书把蒋星煜叫到自己的办公室，聊上一两个小时，他们谈论的话题还是集中在文化艺术方面。在陈望道任职华东文化部期间，这样的谈话每隔一两个星期就有一次，跟陈望道这样的前辈大家对话，蒋星煜一直觉得受益匪浅，多有启发。

## 二、初涉《武训传》

1950 年，电影《武训传》公映，影片的编导是孙瑜。蒋星煜早在重庆时期就认识了孙瑜，两人是老朋友，电影《武训传》1948 年就由中国电影制片厂开始拍摄，但因为种种原因却没能完成拍摄。1949 年，上海昆仑影业公司购买了原中影厂拍摄的胶片和摄制权，由赵丹担任主演、韩仲良担任摄影，重新搭建班子，于 1950 年完成拍摄工作，并被评为 1950 年全国十部最佳国产影片之一。电影《武训传》重新拍摄完成后，当年先后在上海、北京、天津等多个大城市公映。这部以武训行乞近四十年兴办义学为题材的电影，让全国的观众深有体味，一时，成为一个文化热点。短短两三个月里，《大公报》、《文汇报》、《光明日报》、《工人日报》、《大众电影》、《北京文艺》、《天津日报》、《进步日报》等报刊上发表的肯定赞扬该电影的文章，初步统计有四十多篇。蒋星煜观赏了电影《武训传》，深有感触，并写了《〈武训传〉与中国封建社会》，加以评论：

> 在《武训传》以前，所有的国产古装影片都没有能深刻地形象地揭露中国封建社会中剥削阶级与被剥削阶级之间尖锐矛盾，或多或少地卖弄了些布景服装而已，而现在，《武训传》却是强有力的封建社会的鲜血淋漓的写照。
>
> 绵延数千年的封建社会，"民可使由之，不可使知之"的愚民政策始终被残忍地执行着，统治阶级把一切生产工具和生活资料掠为己有之后，并独占了知识和文化，不许善良的人民有受教育的机会，以便于自己这一个"劳心者"的集团永远可以平安无事地鞭策一群应该"治于人"的"劳力者"。

在张举人家里做佣工的武训实际上过得是比牛马畜生更悲惨的生活，他看到千千万万的善良人民都是和自己同样的遭遇，于是在受了极度迫害之后，下决心举办义学，使穷苦人家的子弟能有书读。能同情武训的能切实帮助武训主要的是这一般穷苦的人们，封建社会恶意的诬陷他是疯子，地保狗腿吞没他求乞而来的义学基金，封建官吏虚伪的笼络他而表示自己的礼贤下士，朝廷利用他的深得民心而加封，赏赐黄马褂，以进行对人民的所谓"剿抚兼施"的阴谋毒计。

由于历史条件的限制，武训对封建社会的反抗只有不彻底的"义学"，但是他的精神确实是最值得歌颂的为人民服务的革命者的精神，而他所祈求的穷人都有书读的日子，在他死后半个世纪，已由中国共产党领导的解放战争的巨大胜利而来临了。

孙瑜的编导手法和赵丹的演技都有特殊的成就，观众在影片进行中，始终燃烧着对封建社会的愤怒的火焰，始终寄予武训以无限的热爱和同情。

蒋星煜之所以肯为电影《武训传》唱起赞歌，是因为《武训传》以当时的标准评判，称得上一部艺术精品。除了打动人心的悲情故事，影片的叙述方式也展现了当时电影叙事语言的一流水平，这也是让蒋星煜为之称道的主要原因之一。影片以一条主线和一条副线的形式同时推进，主线当然是叙写武训历尽艰辛行乞办学，副线则以周大进行武装活动反抗压迫推进，两条线索在情节尤其是思想意义上，起到衬托对比的作用。

《武训传》的第一个场景展开的时间是 1949 年 12 月 5 日，那天是武训诞辰 110 周年纪念大会，影片由纪念会上女教师的讲话切入，以倒叙的方式讲述武训坎坷行乞创办义学的人生经历：武训小时候，因家境贫寒，只得学人卖艺乞讨为生，渴望读书又被私塾老师拒绝。长大一点在张举人家做了三年佣工，工钱却被举人骗走，分文未得还被打伤。三天三夜没有进食的武训流落到财神庙，在幻梦中震惊于穷苦百姓没有文化受欺凌于恶霸乡绅的悲惨生活，怒斥无义举人欺压穷苦百姓，醒后决心创办义学，让穷苦百姓识文断字。随之，武训伤病痊愈以后，他毅然走上行乞办学的道路。他因为轻信于人，将自己十年积攒的一百二十吊钱存到地主高春山处，没想到血汗钱竟然又被巧取豪夺一空。遭遇重大挫折的武训没有放弃创办义学的信念，他用二十年乞讨得来的积蓄从头再来，咬着牙继续坚持创办义学。后来，武训的行为感动了不少人，在乡绅杨树坊、郭芬等的协助下，终于办起了柳林镇的"崇贤义塾"。武训以行乞为生，历尽艰辛创办义学的事迹，后来被朝廷得知，光绪皇帝御笔亲批，准了请求给武训修建牌坊的奏折，慈禧太后听闻也不甘落后，随即亲批赏赐武训一件黄马褂。武训知道后说："俺讨了三十年的饭，办义学不是为了黄马褂，也不是为讨封的。"武训发自肺腑地告诫学生们："你们念好了书，可千万不能忘掉了咱们穷人哪！"

影片结尾，女教师在武训的墓园前给孩子们的讲评，点开了电影《武训传》的思想内涵："这种个人反抗是不够的。你瞧他亲手办了三个义学，可是他死了之后呢，还是让地主们抢去了。"同时，女教师又说："周大烧、杀、除霸、报仇，可也没有法子把广大群众给组织起来，最后，中国的劳苦大众，经过了几千年的苦难和流血的斗争，才在为人民服务的共产党组织之下，在无产阶级政党的正确领导下，打倒了帝国主义和国民党政权，得到了解放。"

《武训传》在主线和副线并进，表现武训行乞办学坎坷艰难和周大斗争不彻底的同时，运用了诸如武训的梦境等在当时看来比较新颖的表现手法，让影片具有一种不失浪漫情调的写实主义气息，也让观众得到很好的艺术享受。著名演员赵丹以高超的演技，把一个乞讨办学的武训演绎得深刻生动、令人难忘，塑造了一个行乞办学者近乎圣徒般的形象。

《武训传》遭受大规模批判是蒋星煜始料不及的，事实上这也不是一个孤立的事件。《文艺报》1951年第4卷第1期、第2期连续发表了一组批评文章：贾霁的《不足为训的武训》、江华的《建议教育界讨论〈武训传〉》、杨耳的《试谈陶行知表扬"武训精神"有无积极作用》等文章。杨耳认为"武训的行乞兴学不仅不能解决推倒农民头上的封建大山的根本问题，而且，也不能有其他什么推进社会发展的作用。因此，武训的道路是错误的"。1951年5月16日《人民日报》转发了杨耳的文章并加了编者按，明确强调对武训和电影《武训传》的赞扬是错误的，提出要批判所谓的"武训精神"。

5月20日毛泽东亲自为《人民日报》写了社论《应当重视电影〈武训传〉的讨论》。这篇社论认为电影"根本不去触动封建经济基础及其上层建筑的一根毫毛，反而狂热地宣传封建文化"，指出电影"污蔑农民革命斗争，污蔑中国历史，污蔑中国民族"，强调"电影《武训传》的出现，特别是对于武训和电影《武训传》的歌颂竟至如此之多，说明了我国文化界的思想混乱达到了何等程度"。

同一天，《人民日报》在"党的生活"专栏还刊登了题为《共产党员应当参加关于〈武训传〉的批判》一文，号召"每个看过这部电影或者看过歌颂武训论文的共产党员都不应对于这样重要的思想政治问题保持沉默，都应当积极起来自觉地同错误思想进行斗争"，"凡是放映过《武训传》的各城市，那里的党组织都要有计划地领导对《武训传》的讨论，要把领导这一讨论当作一个严重的思想教育工作"。

接着，教育部、文化部电影局等有关部门用行政命令要求全国的下属单位开展对电影《武训传》的批判。从中央到地方，对电影《武训传》的批判，逐渐演变成为一场对知识分子的思想政治批判运动。

很"不幸"的是，蒋星煜的《〈武训传〉与中国社会》，也成了《人民日报》社论点名的"歌颂《武训传》"的众多文章之一。蒋星煜其实是在不经意间被卷进了这样一场斗争的激流，而且漩涡越来越大。

迫于强大的舆论压力，编导孙瑜在1951年5月26日《人民日报》刊登《我对〈武训传〉所犯错误的初步认识》，进行公开检讨。第二天，《人民日报》就刊登了袁水拍的《读孙瑜先生检讨后的一点意见》，指出："我认为孙瑜先生的检讨是极不充分的，思想上还是混乱的。"接着，《人民日报》又继续发表了胡绳、范文澜、华君武、桑夫、何家槐等人的批判文章，同时刊登了夏衍、郭沫若等的检讨文章。随后批判的火力进一步猛烈，1951年7月23日至7月28日，《人民日报》连载了江青主持的调查报告《武训历史调查记》。

## 三、"肃反"运动的开始

1955年，华东戏曲研究院完成了历史使命。周信芳和伊兵分别对研究院四年的工作做了总结。伊兵的总结题目为《四年来的工作总结》，注重业务工作，十分具体。周信芳的总结是纲领性的，简单而扼要，题目为《巩固成果，坚持斗争》。他在报告中说：

> ……
>
> 华东戏曲研究院的使命是完成了，为了适应新的情况和新的需要，院及附属单位分别改建为上海越剧院、上海京剧院、上海戏曲学校等单位，这不是力量的分散或削弱，而是戏曲事业向专业化剧院化发展的重大步骤，我们相信四年来所坚持的斗争精神和所得的宝贵的经验在新的岗位上必定会获得充分的发挥。
>
> ……

蒋星煜对周信芳的这篇总结印象深刻，一个原因也是当时这篇总结没有公开发表，而是刊载在内部文件《华东戏曲研究院文件资料汇编》上，他清楚地记得"汇编"上面不仅标明"内部文件，注意保存"，而且印数极少，尤其是经过了"义革"的十年动乱，这份文件更是难逃清扫"四旧"的厄运，绝大部分都被烧毁，也因此，后来出版的《周信芳文集》、《周信芳文选》以及所有研究周信芳的麒派艺术的文章、著作，几乎全部遗漏了这篇材料，这是让蒋星煜后来一直感觉很遗憾的地方。因为他觉得这篇总结虽然带着明显的时代特征，但却正是当时特定时期客观的社会文艺现象。尤其是它出自自幼贫寒、没有接受过正规学校教育、仅凭借自己的天分和努力成为中国京剧艺术一代大师的周信芳先生之手，就更是弥足珍贵的了。

蒋星煜一直觉得周信芳院长的这篇总结，既是对华东戏曲研究院工作的总结，也是周信芳个人的工作总结。这四年中，周信芳为群众进行的所有演出，每一次都是不讲条件地立即答应，演出中始终一丝不苟，呈现最佳状态。在酷暑、严寒乃至敌机轰炸的情况下，他都不顾领导和群众劝阻，坚持完成演出任务。他从不因为自己是院长，是著名表演艺术家而有所特殊。反之，他觉得自己处处应该带头，应该起到示范的作用。他得到院内群众和社会广大戏剧观众的赞扬，不仅仅是在艺术成就上，在戏德和人格上也是如此。

华东戏曲研究院撤销以后，伊兵调往北京中国剧协担任秘书长，这个变化让蒋星煜有些难以适应。伊兵一直信任赏识蒋星煜的才华，临走时对他说，到了北京后，会很快安排调蒋星煜去北京工作。但不久，随着原先的华东文化部系列编制撤销，蒋星煜被组织安排进了上海市文化局工作。

还没有等到蒋星煜去北京工作，大规模的"肃反"运动开始了。当时上海市委指派李太成率队入驻市文化局。由于背景和经历比较复杂，蒋星煜成了上海市文化系统第一个重要的"肃反"调查对象。"肃反"工作队成立了以上海市文化局党委办公室主任陶稼耘为组长的专案组，对蒋星煜进行了两个月大规模的内查外调。最后的结论之一是，正式宣布蒋星煜为"同志"。同时，还得出一个结论，蒋星煜已经把一切个人重大历史问题交代清楚了。

当时，上海市文化局代局长是陈虞孙，"肃反"工作队队长李太成因在"肃反"工作中表现得十分谨慎、周密，上级遂决定让他留在市文化局，名义上是副局长，实际上负责文化局的日常工作，直接抓戏曲工作，因为代局长陈虞孙不久就调到文汇报主持工作去了。

这个时候，昆剧《十五贯》公演后，大获好评。根据形势，李太成嘱咐蒋星煜花些力气研究古代清官。接受李太成布置的任务后，蒋星煜抓紧时间，在行政工作之余，费时一年半，完成了《海瑞传》。李太成对蒋星煜的工作安排和进度很是满意，从那个时候开始，涉及戏剧戏曲方面的问题，他都会向蒋星煜做一番咨询。

当时，李太成和蒋星煜都还没有想到，跟这本《海瑞传》相关的复杂故事还在后头。

# 第六章

# “反右” 和 “文革”

　　1957 年，“反右” 运动开始。正撞上我刚出版了写大清官海瑞的《海瑞传》和以刘伯温为人物原型的《刘伯温寓言》，因为用了讽刺笔法，这很容易触动许多人的神经。不少“激进” 的人士也因此想把我打成 “右派”，可是，上级一直没有同意。第二年，“大跃进” 运动又正式开始，我作为文艺界需要劳动改造的人员，和上海人艺的一批编剧、导演、演员一起被发配至赵巷劳动，做开挖荒地的农活。1959 年，中共中央号召继续在全国范围掀起 “海瑞风”。一时间一些文艺宣传单位纷纷开始约稿。在这种形势下，先是中共上海市委宣传部电话约我写一篇海瑞的稿子，紧接着，上海《解放日报》也要我赶写一篇有关宣扬海瑞精神的历史故事，时间仓促，我就写了一篇类似于提纲样的稿子。这才有了后面的一连串事情。

——蒋星煜

## 一、《海瑞上疏》的风波

　　风暴终于来了。

　　1957 年，全国范围大张旗鼓的 “反右” 运动开始了，也是命运多舛，蒋星煜刚巧就赶上了，他刚刚出版了《海瑞传》和《刘伯温寓言》两部著作，前者自然是顺应形势写大清官海瑞了，后者则以刘伯温为人物原型，文笔充满了讽刺意味。这触动了一些人政治神经的敏感部位。这些敏感人士往往 “激进”，其中不少人因此想把蒋星煜打成 “右派”，但一直没有得逞。后来，蒋星煜才通过一些零星信息得知，是因为当时一些上级人士一直没有同意。

　　1958 年 “大跃进” 开始了，蒋星煜躲不掉需要劳动改造的身份，就与一批同

1957 年出版的《海瑞传》封面

事，和上海人艺里同样需要"劳动改造"的编剧、导演、演员结合在一起，被发配至赵巷开挖荒地，做当时俗称"深翻二尺五"的农活。农活十分劳累，很多人病倒了，又没有医生来诊治，情形是十分艰辛的。一次，上海人艺的演员熊雪岑病倒了，病情严重无以救治，蒋星煜还为她开了几味中药。熊雪岑喝了中药煎汤，病症不久就减轻了许多，大家身处非常时期，这也算得上是一件善举了。

到了 1959 年，中共中央发出号召，继续在全国范围掀起"海瑞风"。一时间，上海市委机关报《解放日报》，以及《文汇报》、《劳动报》，还有上海电影制片厂等文艺宣传单位纷纷向有关人士约稿。中共上海市委宣传部丁景唐处长认识蒋星煜，打电话约请他写一篇海瑞的稿子。蒋星煜在电话中也没有听清楚具体要求，就写了一篇《诗人海瑞》寄给丁景唐，介绍了海瑞几首颇有正义感的诗歌。丁景唐很快将稿子寄还给蒋星煜，说不很适用，就此作罢。

1959 年 4 月 16 日上午，蒋星煜的老熟人、上海《解放日报》记者张世楷打电话给蒋星煜说："你是'朝花'的老作者，希望你写篇有关宣扬海瑞精神的历史故事，赶一赶吧，大约下午两三点钟，报社派人来取。"

蒋星煜赶紧问张世楷写哪方面的故事。张世楷回答："我们没有什么具体的要求，反正你都很熟悉，随你写哪一件事。"

蒋星煜考虑再三，决定写海瑞向嘉靖皇帝进谏的事情。历史上海瑞此事影响甚大，《明史》本传也说海瑞因上疏而"声名直声震天下"。时间的确很紧张，蒋星煜即刻动笔，大约就写了一千多字。稿子被报社派来的人取走之后，很快张世楷打来电话说："稿子可以用，但是太简单，要略为丰富。你吃晚饭后，来报社，我们面谈，我在报社门口等你。"那时候党报布置的写作任务必须严肃对待，蒋星煜放下电话后如约前往，张世楷带他上楼，然后把蒋星煜介绍给文艺部主任，也就是"朝花"的主编黎家健。

黎家健对蒋星煜说："题材、主题可以，但要大加丰富。"蒋星煜答应进行加工，就说自己把稿子拿回家中，重新写好后送来。黎家健说不行，因为这篇稿子急需，明天是一定要见报的，必须即刻完成。而对于篇幅，黎家健当时说："整个'朝华'的版面都可以给你，五六千字没有问题。"说完要求，黎家健干脆提出："你就在这间房子里写好了，什么时候写好，什么时候走。"

蒋星煜当然知道当时的形势，既然党中央提倡海瑞精神，《解放日报》又是中共上海市委机关报，他自认为是没有什么讨价还价的余地了，只好答应下来。随即，蒋星煜就在解放日报的这间屋子里，以原先那篇提纲式的千字短文为基础，根据一些史料记载，加以形象化的丰富和发展，一直写到晚上 11 点钟才完工交卷。直到黎家健通篇看了，也认为可以了，蒋星煜才如释重负地回家。到家之后，蒋星煜才蓦然想到文章忘记了加上一个标题，但是因为夜已经很深，自己也疲劳之极，就没有多想，沉沉地进入了梦乡。

第二天，即 4 月 17 日，蒋星煜看到报纸，"朝花"版面果然刊登了自己连夜赶出来的这篇稿子，原先忘记拟写题目，现在也被加上了，叫《南包公海瑞》。这个题目是谁拟的，是夜班编辑还是其他什么人，蒋星煜至今不知道，算是一个谜团。

几乎与此同时，身在北京的吴晗积极配合中央号召，也连续撰写相关的文章，编辑相关小册子。蒋星煜发现其中出现了一些史实性的错误，还专门写了文章进行纠正，这些文章被吴晗压着，并没有及时发表出来。吴晗为此还特意写了一封信进行了解释，并在此后对蒋星煜实施了反批评。

随后，京剧团在很短的时间内，以蒋星煜发表在《解放日报》上的《南包公海瑞》为提纲，完成京剧《海瑞上疏》，并计划将此剧作为国庆十周年献礼。京剧《海瑞上疏》公演后，剧场效果很好，这台戏在演出上是获得了成功的。

这个戏的成功在当时引起了一些人的妒忌。蒋星煜本来的分工就是京剧，有人不想蒋星煜因为此戏的成功立了功劳，就借故将他调离了京剧创作领域，而去负责校勘传统剧目。蒋星煜校勘传统剧目一年，竟完成了原先看似纷繁复杂的工作任务。

但是，谁也没有想到，由京剧《海瑞上疏》所引发的一系列复杂事件，就此已

西厢桃花别样红 ◆ 艺术传评

经拉开了序幕。京剧《海瑞上疏》是"四人帮"陷害京剧大师周信芳，并致其遭受迫害而亡，所捏造的一个所谓"反党罪证"。三十多年来此事一直是一个热门话题，但各种说法不尽统一，很有些出入。据蒋星煜回忆，他个人与《海瑞上疏》的关系，由《海瑞传》而至《解放日报》约稿《南包公海瑞》，仅此而已。《南包公海瑞》见报后，周信芳院长和编导们也并没有来找过蒋星煜。不过蒋星煜曾无意中听到过两件事：其一是有负责人建议周信芳院长组织力量，就以《南包公海瑞》的故事为框架进行创作，而且后来实际上也是按照此方案进行的；其二是按当时重点剧目创作流行的办法，是要找一个权威人士"挂帅"，负责为剧目创排把关的，结果找到的是原上海市文化局代局长，时任《文汇报》总编的陈虞孙。

1959 年 5 月份开始，蒋星煜被调整工作，专门去校勘上海市传统剧目整理委员会向老艺人们征集来的剧本，编辑成册，然后交上海文艺出版社内部出版发行。而原先在艺术一处的主要工作，现在也改由处内其他人去做了。不久，蒋星煜又被派到上海市文化局所属大场附近的饲养场去劳动，一个夏天都在那里度过，回来后继续校勘传统剧目。基本上，他与京剧《海瑞上疏》后面的一系列实际操作，是脱钩了的。

1959 年底，京剧《海瑞上疏》在上海文艺出版社出版了单行本，前言中也丝毫没有提及《海瑞上疏》与历史小说《南包公海瑞》之间的关系。但从一些行文中，比如"海瑞世称南包公"，以及"譬如，海瑞的疏本递上以后，嘉靖皇帝是在后宫阅览的，当时在场的太监、宫女等人外，只有首辅徐阶一人"，可以看出两者之间的关系。

在蒋星煜所涉猎的古籍或民间通俗文艺作品中，迄今没有发现对海瑞有"南包公"这个称谓，第一次出现"南包公"三个字，则是在《解放日报》"朝华"版为他的稿件代拟的题目。嘉靖皇帝阅览疏本，无论正史还是野史均记载，当时在场者有名有姓的仅太监黄锦一人。徐阶在场的情节，也不过是蒋星煜在历史小说《南包公海瑞》中所虚构的。由此可以推断，《海瑞上疏》在史料剪裁与取舍上不无参考《南包公海瑞》。

京剧《海瑞上疏》的风云突变，发生在"文革"前夕。1966 年 2 月 12 日，后在"文革"中担任上海市"革委会"负责人徐景贤等领导的写作班子，在《解放日报》署名"丁学雷"，发表《〈海瑞上疏〉为谁服务》一文。文章一开始就断言蒋星煜和北京的吴晗"同声相应，同气相求"。文章中有这样的话："蒋星煜不但为这个戏提供了丰富的史料，而且还亲自参与设计，积极扶持他自己捏造出来的《南包公海瑞》登上舞台。"这些描述与措辞，无疑是为了夸大和加重蒋星煜的所谓"罪行"。事实原本很清楚，所谓《南包公海瑞》，是蒋星煜应《解放日报》之约而撰写的，本意完全不是为京剧《海瑞上疏》而作的写作提纲；《海瑞上疏》剧组确定以此作为提纲后，也和蒋星煜没有什么直接联系。所以，再说什么蒋星煜"亲自参与设计"之类的话，就是无中生有了。

此后，随着"文革"的不断推进，"造反派"们不顾事实，把《海瑞上疏》的事件进一步歪曲和夸大，不断上纲上线，无所不用其极。1966 年 9 月，上海文艺界的"造反派"编印了《上海文艺界两条路线斗争大事记（1949 年 3 月—1968 年 8 月）》，16 开本，共 68 页，约 10 万字篇幅。其中，1959 年的内容特别详细：

> 4 月 9 日为配合以彭德怀为首的一小撮机会主义分子向党猖狂进攻，周扬在上海……指使周信芳编演大毒草《海瑞上疏》。……由《文汇报》总编辑陈虞孙挂帅，反动文人蒋星煜做历史顾问。
>
> 4 月 17 日《解放日报》抛出了蒋星煜的大毒草《南包公海瑞》，为海瑞戏的大批出笼制造舆论。
>
> ……

蒋星煜后来对这一段史实的解释是这样的，根据当时的实际情况，在 4 月 17 日之前，周信芳院长确实准备响应党的号召，编演一部海瑞戏。但是，究竟编演什么题材内容，却一直也没有确定下来。因此很难说是不是周扬在 4 月 9 日就"指使"周信芳编演《海瑞上疏》。同时，蒋星煜当时也还只是一个负责具体工作的干部，基本上是没有可能担任这个戏的历史顾问，而与他的老上级陈虞孙相提并论的。更何况，他们决定写海瑞向嘉靖皇帝进谏这一题材之后，蒋星煜已经调动了工作，专职校勘老剧目，而不再联系或者辅导京剧创作了。蒋星煜创作的时候确实没有想到这篇历史小说会成为别人创作剧本的素材。这一点，就连当时约稿的解放日报社也未必预料得到。

"造反英雄"们把这件事说成是一个有组织、有分工、有步骤的"向党猖狂进攻"的行动，确实不止是滑稽可笑了，可以说"是一个颠倒是非黑白、制造冤假错案的典型案例"。

尽管如此，后来对于《海瑞上疏》事件的平反昭雪过程却相当漫长，可能是情况比较复杂，牵涉面又格外广泛的缘故。那一段是非颠倒、黑白不分的时期终于过去了，但是，这件事还是经过了长达两三年之久的调查、酝酿。终于在 1978 年 12 月 29 日，北京《光明日报》与上海《文汇报》同时发表了一篇长达一万八千字的文章：《震动全国的大冤案——姚文元评〈新编历史剧《海瑞上疏》〉黑文出台前前后后》。这篇署名"高洁"的文章，发表前还曾经在北京、上海部分专家学者中间传阅，征求意见，加以修改，所以，这篇文章的态度比较客观公允，内容也是翔实可靠的。此文的第三部分和第四部分都谈到了《海瑞上疏》：

> "四人帮"的一个余党，化名丁学雷，写了《〈海瑞上疏〉为谁效劳？》的黑文，在《解放日报》发表。不久，有化名方泽生，写了第二篇黑文《〈海瑞上疏〉必须继续批判》。他们疯狂地诬陷《海瑞上疏》是一棵不折不扣的反党反社会主义的大毒草，把周信芳、陶雄、许思言、蒋星煜等，一棍子打成"反党反社会主义分子"，并且株连到周扬。

新华社也于6月17日发了电讯稿，《人民日报》等全国主要报刊于6月19日刊载了电讯全文。这样，《海瑞上疏》以及有关人员才得到了正式、庄严的平反。

## 二、"文革"动荡的日子

1966年，"文化大革命"正式开始，"造反"狂热笼罩了全中国。蒋星煜虽然还是单位业务工作的骨干，可有人贴了大字报，检举他历史复杂。在来势凶猛的"文革"浪潮中，他成了全上海文化界第一个靠边站的人物。

大环境已然十分恶劣了，然而对于蒋星煜来说，更不幸的是他的小环境也异常恶劣。监督他劳动的郭某某对他格外虐待，根本不把他当做一个人看待。后来才知道，原来郭某某的父亲旧社会是资本家，"文革"开始后，也惨遭批斗，日子非常不好过，因此，郭某某虐待蒋星煜，实则是在他的身上出气。蒋星煜常常遭到毒打，牙齿也被打落了一大半。这时，昔日的京剧艺术大师周信芳、昔日文化局副局长李太成，也都靠边站了，天天遭受批斗凌辱，蒋星煜与周信芳、李太成在大小批斗会上成为一道遭逢厄运的难兄难弟。

这些不幸而惨痛的情形综合在一起，1967年，即"文革"开始的第二年，蒋星煜被隔离审查了。蒋星煜、李太成，还有原来文化局社文处一位干部被关在一间"牛棚"里。高压之下，原社文处这位干部为了讨好管教人员以自保，天天向管教人员揭发李太成和蒋星煜，李太成、蒋星煜因此就天天被批斗。

混乱的局面一直持续到1967年年底，工宣队、军宣队进驻文化局以后，秩序才略微有所好转。于是，这些上海文化系统可以被任意凌辱任意毒打的靠边站人物，被集中关进石门一路333号上海淮剧团与上海合唱团大楼顶楼。蒋星煜与著名导演黄佐临关押在一起，寒冷的冬天，没有床，只能在室内水泥地上铺一把稻草睡觉。但是，天气本来就寒冷，仅仅铺着一把稻草的水泥地上，寒冷刺骨，蒋星煜和黄佐临根本就无法入睡，两人彻夜交谈，倒是建立了比亲兄弟还亲的友谊。

这样寒冷的夜晚，时常也有更加惨无人道的事情发生。半夜里，蒋星煜和黄佐临两位艺术家又冷又冻，冷了小便就多，要去小便就一定要有专人开门、押解，但是，任他们怎么可怜巴巴地叫喊，也叫不来看守人员，两人憋得痛苦难当，对两个注重自身形象的儒雅老艺术家而言，真是要上演活人被尿憋死的悲剧了。令人啼笑皆非的是，他们后来才知道，看守人员竟然利用夜晚看守他们的这个空档去幽会了。黄佐临是一位享有崇高声誉的舞台导演艺术家，蒋星煜后来还暗自思忖，也不知道，黄佐临后来走出困境，有没有想到把他们这些艺术家的遭遇改编出来，搬上戏剧舞台。

很多年以后，这些酸甜苦辣的岁月，蒋星煜回忆起来依然唏嘘不已。蒋星煜坎坷之后的豁达从容也由此可见一斑，虽然吃了那么多的苦头，但每每谈起那些经历，依然没有仇恨，总是说"还可以""过得去"。实际上真正让蒋星煜备感伤心的，是当时个别同事，对他和他的家人那种落井下石般的轻侮。

当时，蒋星煜所在居委会个别人也扣押了蒋家的若干供应票证，这是要命的事情，要知道，在那个一应生活用品都需要凭证供应的年代，没有了这些票证，说是生活走到了寸步难行的地步，陷入了绝境，也不为过。

世事艰辛，人情冷暖。以后的岁月里，蒋星煜始终记着浩劫年代颇为稀罕的一点暖意。那时候，工宣队有个楼队长，蒋星煜一直觉得这个人不错：第一，与其他工宣队人员比较而言，他绝不胡搞乱来；第二，蒋星煜感觉到，他执行起政策特别有分寸。楼队长来到蒋星煜的家，他看到了蒋星煜一家的尴尬苦处后，很快就在一定程度上控制了形势继续恶化的倾向。他曾经先后三次来到蒋家住所，向那些经常欺负蒋星煜和其家人的同事宣布，对于蒋星煜的处置，上面是有政策的，这些政策也是随时要发下来的，对蒋星煜该怎样处理不该怎样处理，必须按照政策执行，其他任何人都不可以随便干预，更不可以乱来。

楼队长又随之安排了"拉练"，就是仿效当时军队的一种备战训练方式，每天背着行李跑上三四十里地。而且，"拉练"到了一个新环境，比如在松江辰山、在浦东都还停留了很长一段时间。楼队长每次从市区回到集训队，总是先找蒋星煜谈话，在那样的环境里，楼队长的做法，无疑也对蒋星煜起到了一些难得的保护的作用。想不到，楼队长的做法，却激起了另一位"逍遥派"人士郁某的意见，有一次，他把蒋星煜的帽子摔在地上，还对楼队长提了意见，说是楼队长丧失了阶级立场。

随着"文革"运动的大举推进，又一轮靠边站的"臭知识分子"去"五七"干校接受劳动改造了。这次，蒋星煜、上海市委宣传部副部长兼上海市文化局局长孟波、上海市文化局副局长李太成三人被勒令负责猪棚的一切劳动。干活很脏很吃力

西厢桃花别样红 艺术传评

倒在其次，夜晚的睡眠时间才真的叫苦啊，零下 8 度的气温，蒋星煜只有自己买的一条四斤重的棉被，一半垫着，一半盖着，经常整夜整夜不能入睡。

这样似乎望不到头的日子一直持续到 1970 年 8 月，蒋星煜被安排去位于新闸路的上海市第八制药厂接受劳动改造，一样是苦日子，每天必须被迫接受惩罚性的体力劳动，被各式各样自封的造反组织拉出去批斗仍是家常便饭。

这样难熬的日子持续到 1974 年，与蒋星煜已经共同生活二十四年的妻子王国霞，因为承受不了看不到尽头的屈辱和压力，告别了人世。蒋星煜与妻子于 1950 年结婚，在这二十四年里，他们养育了多个儿女，一家人其乐融融。如果不是"文革"的风雨如磐，这个幸福的大家庭该让多少人羡慕啊。现在，顷刻间，家破人亡。很多年里，这一直是蒋星煜心底一块隐隐的痛。当然，后来几个子女克服一切艰难，都有了自己喜爱的工作和事业，应该说也是耳濡目染受到蒋星煜为人处世的影响。几个孩子都孝顺敬老，蒋星煜等到了苦尽甘来的幸福晚年，当然这是后话。

那段岁月，天天干着体力活，虽然身为知识分子，饭量并不算太大，但是重劳力重负荷，每天最怕的还是饿肚子。肚子咕咕叫，总是想要吃饭，粮票却是那个特定时期最重要的配额凭据。这是一条铁的规定，没有粮票，肯定是吃不到饭的。还好，第八制药厂有个传统，就是每逢夜里加班，按照厂里规定，可以吃到不要粮票的夜班加餐。但是，蒋星煜还是没有享受到这等好事，因为，作为一个接受监督劳动的人，他是没有任何权利保障的。所以，蒋星煜每次去拿加班的夜餐，一名叫做卢某某的工人都会冲过来，一边破口大骂"牛鬼蛇神还吃什么夜点心"，一边伸手就把蒋星煜的夜餐抢过去吃掉。

妻子恓惶离去，自己连口中的食物也都无法保全，蒋星煜人生的落魄，至此，已经到了无以复加的地步。

## 三、"文革"结束重拾专业

在急剧与缓慢交织的动荡与变革过程中，两年的时间眨眼就过去了。1978 年，根据上级决定，还在接受监督劳动的蒋星煜可以回到上海市文化局工作了。但是，因为办理手续等一系列具体行政问题的解决需要一个过程，蒋星煜需要先在上海图书馆暂时工作，过渡一段时期，等一切手续办妥，再回上海市文化局正式工作。

蒋星煜被暂时安排在上海图书馆古籍组，此时，他这些年所受到的各种不公正对待问题，都还没有得到正式平反，但因为多年辛苦耕耘，他的学术成就摆在那里，依然在上图古籍组担负了学术性最强的那部分工作。刚开始工作，他便发现上海图书馆馆长顾廷龙对某一古籍的解释有误，便径直提了出来。在那个刚要开始

蒋星煜与上海图书馆古籍部主任陈先行合影（1990年）

"拨乱反正"的时期，在大家的潜意识中，敢于指出上面领导的错误还是有着很大风险的，一时间，蒋星煜的大胆直接，还有他坦率的学术态度，让全组成员吃了一惊，甚至都有点"人心惶惶"。

但时代终究是不同了，顾廷龙当时的身份是上海图书馆馆长，在组织学术报告的时候，首次讲座，蒋星煜就被他安排为第二场讲座的主讲人，那次，蒋星煜讲座的主题是"谈谈中国戏曲古籍的概况"，讲座甫一结束，就获得大家好评。当时听报告的，除了古籍组，上海图书馆其他三个组的人员也都来了，蒋星煜的专业学术报告受欢迎的程度，也由此可见一斑。

随之，阳光普照，好运似乎真的要光顾忍辱负重多年的蒋星煜了。上海戏剧学院是上海戏剧教学与研究的重镇，表演系时任支部书记是叶露茜，她在查阅艺术档案时，很偶然地发现了蒋星煜中国戏曲史论研究的相关讲稿，深感惊讶，叶露茜一直希望表演系专业教师具有系统的戏剧戏曲理论素养，正想找一个精通戏曲史论的人士为表演系教授中国戏曲史论课程。于是，她即刻联系到蒋星煜，当即就聘请蒋星煜为表演系开设相关课程，以主讲《西厢记》为主。紧跟着，上海戏剧学院戏文系、导演系、舞美系等多个院系也都聘请蒋星煜主讲相关课程。

这一年，蒋星煜年届五十八岁，冥冥之中，他似乎有所感觉却又不敢相信，自己学术生涯的第二个春天，就要在自己半生的辛勤耕耘中来到了。

果然不出所料，1979 年，陈沂出任中共上海市委副书记兼上海市委宣传部部长后，在第一次与文化界的见面大会上，首先就由上海市委宣传部副部长宣布，正式为给蒋星煜带来莫大屈辱的有关海瑞的著作以及《李世民与魏征》平反昭雪。

随即，上海市文化局组织筹建艺术研究所，根据蒋星煜的学术专长，安排蒋星煜到了艺术研究所工作。这是 1980 年的事情了，这一年，在蒋星煜表妹的介绍下，一位女军医走进了蒋星煜的生活。这是蒋星煜在"文革"之后的一次不顺的婚姻，在很短暂的一段时间后就宣告结束了。

在单位上班的日子是忙碌的，但也的确占据了蒋星煜大量的宝贵时间。所以，到了 1981 年，刚满六十一岁的蒋星煜认为自己年龄已到，就坚决要求退休。当时艺术研究所几位领导也曾极力挽留，但蒋星煜去意已定，就没有答应续聘，但还是碍于情面，接受了继续担任上海艺术研究所学术顾问的建议。因为，他早就认为自己的时间不够用了，从此，奢望已久的一张书桌、一本书、一支笔，加上一杯清茶的日子，算是正式开始了。蒋星煜决心已下，他要把所有的时间都花费在自己感兴趣的学术研究上。

首先，蒋星煜集中心思，开始了自己一直很有兴趣的《西厢记》研究。因为专业所在，兴趣所至，蒋星煜不久就写出了大约二三十万字的论文，并且分别发表在上海、北京等地的报纸杂志上。一时间，"蒋星煜"这个名字，重新为戏剧理论界和文化界专家学者以及大量读者所熟知。

一个人把热情倾注在自己钟爱的事业上是幸福的，其工作热情和工作效率之高，令人惊叹。蒋星煜就是一个很好的典范，退休不久，蒋星煜就在上海出版了《历史故事新编》、在广东出版了《以戏代药》等专著。那时候，蒋星煜还没有任何职称，但是，他的学术水平却得到了学术界普遍的认可。当时，上海戏剧学院开始评定戏剧文学系教授，一共在全国范围内聘请了三位评委：上海的蒋星煜、杭州的张君川和南京的一位金姓专家。那一次教授评审，当时还很年轻，后来担任上海戏剧学院院长的余秋雨也申报参评了，并且在那次就获得了教授职称。

虽然时值蒋星煜学术生涯的早春岁月，但是，春日的阳光也并非普照在每一缕纤弱的叶脉之上。那个时候，令蒋星煜感受到春季里一丝阴霾的，还有这样一件事情。在京剧艺术领域里，著名表演艺术家盖叫天和周信芳一直是蒋星煜研究的对象。但在当时，《上海戏剧》杂志一位负责人却因为种种原因，一直不太愿意发表蒋星煜撰写的这方面的研究文章。据蒋星煜回忆，为此，当时编辑部的龚义江与这位负责同志还争吵过多次，在这样的情况下，这位负责同志才同意陆续发表了蒋星煜研究盖叫天和周信芳的一两篇文章。就当时的期刊出版背景而言，《上海戏剧》杂志是少有的可以发表戏剧评论和理论性文章的公开发行刊物，而且要求字数相对较少，篇幅相对较短。

眼看自己戏剧评论文章发表的园地如此逼仄，无奈之下，蒋星煜只好把兴趣转移至舞蹈领域，开始撰写舞蹈评论，好在蒋星煜在抗战时期的重庆，就有欣赏、评论舞蹈家吴晓邦舞蹈表演艺术的经历，对舞蹈艺术不仅有热情，而且也做过一定的钻研。无奈之下从戏剧研究、戏剧评论转向舞蹈评论，在专业转变方面，对他而言也并不是什么难于上青天的事。这段时期，蒋星煜还真是撰写了一批质量较高的舞蹈评论文章，如《刀美兰戏〈水〉》、《〈画皮〉的双人舞》、《阿拉伯世界的风情画》、《杨晓敏的伤逝》、《谈舞剧〈倾国倾城〉》等。

舞蹈家刀美兰的独舞，一直是蒋星煜所钟爱的。刀美兰的独舞《水》，像是一幅傣族的风俗画，舞台上刀美兰长长的筒裙和扁扁的发髻，在蒋星煜的笔下，被赋予了独特的民族色彩。蒋星煜从舞蹈题材、表现形式等各个方面，对刀美兰的独舞《水》做了精到的评论。蒋星煜认为，舞剧《画皮》不仅体现了舞蹈家舒巧和应萼定在探索今天舞剧的艺术风格方面付出的精心劳作，而且成绩也是显著的。蒋星煜认为这台取材于蒲松龄小说的舞剧，在时空上几乎没有受到太多的限制，称得上是一台寓言式的哲理性的舞剧。在《画皮》双人舞的表演中，蒋星煜觉得王生和夫人

蒋星煜与舞蹈家刀美兰

的双人舞抒发了他们之间真挚的爱情，在那种轻盈的舞步、舒泰的舞姿之上，当王生入魔之后，处于忽明忽昧的状态之中，王生和夫人的双人舞带有从貌合神离到貌离神离这样一种反复展示内心矛盾的性质。在评论中，蒋星煜有一个观点，即王生和魔鬼化身的美女的双人舞，是编导用力最深用心最苦之处，在"美女"的阴谋暂时未得逞之际，王生还有理智主宰自己的行动，如此的情景和一般的美女蛇诱惑善良的人不一样。舒巧和应萼定没有从蛇的形体或爬行的动态来着手，而是尝试一些新的舞蹈表现手法，所有的舞蹈语言不仅着力刻画厉鬼的凶残本质，更使人明确地感到，这是一个假象，实际不过是一层画皮而已。蒋星煜充分肯定了这台舞剧的扎实功力、探索精神和富有创新精神的演绎。

在舞蹈评论《杨晓敏的伤逝》中，蒋星煜以他对于芭蕾舞艺术和芭蕾舞演员艺术生命的理解，畅谈了青春与衰老作为一对不可调和的矛盾，在芭蕾舞演员身上的体现与影响，以及如何把这种生理规律产生的心理与精神影响化作舞蹈舞台进取的激励之力。《谈舞剧〈倾国倾城〉》主要评论上海歌舞团的民族舞剧《倾国倾城》，该剧表现的是西施、昭君、貂蝉以及杨贵妃等"四大美女"的故事，"四大美女"各写一幕，组合成四幕民族歌舞剧，蒋星煜也觉得这种尝试具有一定的难度，并且开宗明义地指出《倾国倾城》之所以使许多观众感到不甚满足，是因为观众不太容易理解编导对于"四大美女"究竟持什么样的态度。蒋星煜所了解的是，编导们的态度是"对她们进行新的诠释和关照"，但对她们是歌颂还是惋惜甚至是同情，有些讳莫如深，表达晦涩难懂。同时，蒋星煜对于民族舞剧《倾国倾城》的基调或者说核心多有思索，他甚至觉得这像是一个疑团，而且民族舞的色彩也十分单薄，更像是民族舞、芭蕾舞、现代舞的三混一，缺乏一个主体。他这样的观点，在叫好一片的所谓戏剧评论领域，是非常真挚的一种评论态度。

同时，蒋星煜还重操旧业，又兴致勃勃地开始创作历史小说。蒋星煜的历史小说文笔质朴却形象生动，粗线条的创作方式却描述了一个个有趣有味的历史故事，非常具有可读性。舞蹈评论写作和历史短篇小说创作，占据了蒋星煜一大块原本属于戏剧理论研究和戏剧评论写作的宝贵时间，即使在这样的情况下，每年的上海戏剧节，组委会依然邀请蒋星煜担任评委。他也依然坚持撰写一些戏剧理论研究文章，主要发表在《戏剧艺术》杂志上。《戏剧艺术》杂志是上海戏剧学院院刊，学术性很强，当时还是季刊，后来改为双月刊。此外，当时的《中华文史论丛》、《社会科学战线》等刊物，也都是蒋星煜集中刊发文章的阵地。

时光如梭，转眼就到了1984、1985年，华东师范大学中文系进行首届硕士研究生赵山林、耿百鸣论文答辩，这在当时是比较重要的学术评审活动，因为当时的研究生招生数量少之又少，蒋星煜应邀担任二人的答辩评委。就在这次参加答辩评审的时候，华东师范大学得知蒋星煜已经退休离开艺术研究所，只是艺术研究所名誉上的学术顾问，于是当即决定，聘请蒋星煜为华东师范大学兼职教授。

当时，华东师范大学中文系还主办了一个全国优秀青年教师的进修班，蒋星煜也应邀为这个班主讲《中国戏曲史》。蒋星煜的课程安排在每星期六上午，讲授时间为四个小时。他一般不用讲义，信手拈来，虽然站着讲授，往往也是一鼓作气，至多中间休息十分钟。《中国戏曲史》课程，蒋星煜共为这个青年讲师班主讲了一个学期，一共二十次，取得很好的反响，许多学员结业多年，还清楚地记得当时聆听蒋星煜授课所得到的启示。

随后，蒋星煜就开始为华东师范大学指导硕士研究生。紧跟着，上海师范大学也聘请蒋星煜为兼职教授，给研究生上课。当时一般都是在蒋星煜位于田林街道的家里上课，每周授课两次，华师大、上师大相关专业的研究生一起前来听课。

## 四、历史小说波澜再起

蒋星煜自 1947 年发表第一篇历史小说《嵇康之死》以后，数十年创作不辍，他也颇有乐此不疲之感。但他的历史小说创作，终于在"文革"时期给他带来了意想不到的劫难。蒋星煜创作的《南包公海瑞》因为牵连所谓京剧《海瑞上疏》事件，被进一步歪曲和夸大成"有组织、有分工、有步骤的疯狂向党进攻"行动，上纲上线，无所不用其极。他的家庭，以及社会上诸多友人，也跟着遭受牵连，承受了数不清的波折。

与《南包公海瑞》一样，蒋星煜另外一篇历史小说《李世民与魏征》也是应《解放日报》邀约写作的。《李世民与魏征》以李世民华山格击金钱豹起始，情节进而介入君王李世民与臣子魏征之间的君臣关系。李世民是有一些过失，但同时却有着明君的胸怀与气度，能够做到知错认错，从谏如流；而魏征也尽显一代忠臣的风骨，性格耿直，知无不言，即使冒着触怒皇上的风险，也不惜忠言直谏。小说中，李世民与魏征在特定君臣关系界定下的性格冲突、思想的相互映照，以及华山名胜的景致、宫廷内外的氛围，都被质朴简约地呈现出来，构成小说的艺术特色。

《李世民与魏征》采用了具有传统艺术特征的创作手法，其人物的典型化、思想的明朗化都与中国的传统小说一脉相承。但是，据《解放日报》原主编王维撰文回忆，报社当时为了体现党中央领导人的讲话精神，约请蒋星煜创作的《李世民与魏征》，却没有逃脱制约的桎梏，在"文革"中被卷入政治漩涡，被上纲上线制造成轰动全国的大冤案。

蒋星煜历史小说的创作，并没有像他在其他研究领域那样，主动或者被迫地集中在某一段时间，集中心力，专心攻坚，而是在漫长的岁月里，笔耕不辍，持之以恒地进行。

"文革"前出版的《海瑞的故事》，应当是蒋星煜最早的历史小说集子。一直到上世纪80年代，他才又写作、出版了《历史故事新编》，在后来的漫长岁月里，他的历史小说创作从未中断，不时有作品与读者见面。

蒋星煜着力于中国戏曲史等学术研究，自称历史小说不过是他写作方面的"第三产业"，但是他在历史小说创作方面的成果同样吸引了大家的目光。正如研究专家吴秀明所概括的，蒋星煜历史短篇小说有个特点，即讲求故事性，讲求通俗化。从叙述和艺术表现上看，他的作品文虽质朴但却相当形象生动，有趣有味；运笔虽粗线条些甚而近乎"速写"，但是文到点到，表现力强而又富有可读性。

2004年学林出版社出版的《蒋星煜历史小说集》，共收入蒋星煜的三十九篇历史小说。这当然不是他历史小说的全部。从1947年发表历史小说《嵇康之死》开始，到2002年发表《进士及第》为止，蒋星煜一共写了七十多篇历史小说，截止到1995年，前后曾经被编辑成六个单行本出版，其中的《历史故事新编》（上海人民出版社，1980年版），两版大致统计印了210000册，单从这个印数就不难看出，蒋星煜的历史小说是深受读者欢迎的。

蒋星煜虽然谦称这些历史小说作品并非他的"主业"成果，但他的历史小说的艺术成就也是得到公认的。如上海社会科学出版社编辑的《中国现代历史小说集》，河北人民出版社1998年出版《中国现代历史小说大系》，都收录了蒋星煜的历史小说《嵇康之死》。1983年，湖南人民出版社精选建国以来三十七篇历史小说，编辑出版《短篇历史小说选》，蒋星煜的历史小说《诸葛亮招亲》和《李世民与魏征》也被收录其中。1985年，文化艺术出版社从1979年至1984年的一百二十多篇历史小说中选出二十篇，编辑出版历史小说集《秦宫月》，其中就有蒋星煜创作的历史小说《左光斗与史可法》。1987年，浙江人民出版社选编1982年至1985年的短篇历史小说，编成《血溅承华宫》一书，其中第一篇就是蒋星煜的历史小说《挂剑》。

蒋星煜深知"历史小说创作同样贯彻继承与创新的原则"（吴秀明语）。他的历史小说创作常常具有一种"超越"意识。读者阅读蒋星煜的历史短篇小说，横向比较，这种"超越"似乎还不是非常明显，但是，与传统历史小说的创作比较，蒋星煜在历史小说创作中的努力，以及所表现出的独特、难以比拟的厚积薄发，却是非常鲜明的。

1987年7月，徐中玉教授为蒋星煜历史小说集写序，评价蒋星煜的历史短篇小说创作，是以现代人的眼光揭示过去的事情、过去人物活动对今天生活的新的意义

在解放日报社，与居欣如、茹志娟、王西彦、王维、储大泓、阿甲参加座谈会（右二为蒋星煜）

或启发，如果缺乏对历史的熟悉、对历史人物的生动理解、对艺术表现的诸多才能，以及对当代生活的关注和洞察，就不可能做到这一点。历史小说创作的难点和意义，就是在于寻找历史与现实之间最佳的衔接点。在历史小说创作领域，作者往往在字面上描写历史，但无不是为了描写现实而描写历史。他总想在他的每一篇再创作中把某种进步的、健康的、对现实生活有启发意义的东西包含其中。这是给读者更多教益的用心所在。

蒋星煜的老朋友、上海《解放日报》原副总编居欣如曾经专门评价过蒋星煜的历史小说，她说，深厚的历史学知识和丰富的生活阅历，综合了各方面的职业优势和特殊的视角，使得蒋星煜笔下的历史小说具有明显的特点：其一，是蒋星煜对历史事件、历史人物的描绘，始终努力把握历史发展的总趋势，又具有浓郁的历史感。蒋星煜在历史小说中所写的有些事情和人物大家已经听到过，甚至可能也读到过，但一经蒋星煜加工、提炼，就融合了他独特的感悟，被恰如其分地创造性地表现出来。其二，蒋星煜在历史小说中，很善于以现代的眼光关照昨天的历史。因为历史小说的创作，不是对历史的重复和再现，作家必须以现实的眼光关照历史，历史都是昨天的，但作家的眼光却是今天的。其三，蒋星煜的历史小说不仅讲究谋篇构思，还很讲究剪裁，讲究角度。没有贪大求全之庞杂，没有史学讲义之枯燥，而是"借一斑而窥全豹"。

以蒋星煜的文化学知识与历史学知识积淀，他所创作的历史小说，也如著名红学专家、华东师范大学原副校长郭豫适所认为的：代表了进步正直知识分子对历史的关照和对民族进步的关心，呼唤着公正与进步。虽然，他自己曾经因为这些著作和作品受到了极其不公正的待遇，但他依然倾注一生精力，无怨无悔地投身于学术研究行列，他以一颗正直善良之心，端正平和的心态，思考着历史、人生与艺术的关系。

## 五、学术生涯再逢春天

1980 年代以后，蒋星煜迎来了学术生涯的第二个春天，其学术活动中知识传播的生动性和文化含量的丰富性，也日渐在他的旅游活动中展现。1981 年，蒋星煜去了一次无锡。在惠山，他从唐代陆羽品评"天下第二泉"联想到华彦钧的二胡独奏曲《二泉映月》；又从顾欢《吴地记》和陈乃乾《清代碑撰文通检》中，梳理了无锡华姓的由来和锡山、惠山宜人的趣闻。蒋星煜日渐沉静于学术的心态心路，在此行中已然是"小荷已露尖尖角"。

1983 年，蒋星煜经过苏州，在秋雨中游历蜷伏太湖一角的洞庭东山。人在车中，窗外是交替变换的风景。他一会儿看见烟水苍茫的太湖，一会儿却是"环车皆山也"。车子开进东山深处，蒋星煜在紫金庵小憩，享用了一杯太湖名茶碧螺春，一时感觉舌本留香，经久才消。除了这杯碧螺春，紫金庵的十六尊罗汉的传奇，让他大为感慨。在这里，他发现紫金庵净音堂有一块《净音堂碑记》，其中刻有如下文字：

> 罗汉像怪伟陆离，塑出名手；精神超乎，呼之欲活。苏杭名山诸大刹之佛像，均为有如金庵者。

蒋星煜细究一番，对这一段碑文有自己的看法。他认为这个"呼之欲活"并不比一般所使用的"呼之欲出"更为生动。依他当时的感觉，十六尊罗汉本来就是活的。他分明感觉到了自己这一群"凡夫俗子"闯进来后，十六尊罗汉各自不同的反应和表情，甚至那用泥土塑的观音大士头顶的华盖，不也明明是像苏绣一般又薄又软，正在迎风飘动么。这样生动的造像如果还要呼唤以后才活起来，就显得有点欲褒反贬了。

上世纪 80 年代中期，蒋星煜的高邮之行，让他很是感慨。高邮在秦代就是一

蒋星煜在雁荡山留影

个有名的驿站，历史相当悠久，还有旁边的兴化，是扬州附近当之无愧的两座历史文化古城。游高邮，一般人热议东塔西塔，那种暮鸦成群而噪、蝙蝠绕塔尖而飞，又宛如中流砥柱，塔影波光相映衬的风光，固然堪称一绝，然而蒋星煜内心更为向往的，则是王勃在《滕王阁序》中所言这里的"人杰地灵"。人和地是有些关系的，高邮是才思华美的诗人秦少游的故乡，与那些塔影波光相比，他更钟情于文游台，自然也在情理之中了。

作为苏门四学士之一的秦少游，当年就曾经陪同苏东坡畅游此地，在这里把酒言诗，留下无数佳话。苏东坡、孙莘老、秦少游、王定国，就是这四位宋代先贤当年在这里煮酒论文，所以就有了名闻遐迩的文游台。

文游台位于高邮县城东北角，入口处有一座石牌楼，上面题有"古文游台"四个字，落款是清代初年的王士禛。那一天，在文游台即刻就有当地人向蒋星煜询问，此题字是否赝品，蒋星煜随即答复不可能。这个答复出于他对文游台历史的了解，他知道，从康熙到清朝末年，二百多年里，乾隆、嘉庆、道光诸朝几乎一直都在重修维护文游台，所以，这四个字的碑刻题字保留下来，可能性是非常大的。

对此论断，蒋星煜还有两个理由：其一，渔洋山人王士禛既然为文游台题过"国士无双秦少游，堂堂坡老醉黄州，高台几废文章在，国是江河万古流"的诗句，那么，他来自己向往赞赏的地方一游，并题写匾额，就绝对不是想当然了。其二，王士禛虽然位高爵厚，诗名响亮，但是朝野的士大夫们在背后对他还是不太敬重的，所以，要说有人冒名去伪造他的墨迹，可能性就小了许多。

苏州、高邮之行，倒是促使蒋星煜在他文字生涯的另一块园地心生灵感，这就是他的旅游文学写作。其实，他的旅游文字还可以向前追溯至 1944 年。那时蒋星煜二十四岁，距离他的第一本学术著作《中国隐士与中国文化》出版也已经过去两年，他的艺术基础积累日益丰厚，美学素养也进一步加深。这一年的暮秋，身处重庆的蒋星煜要从南温泉移居北温泉去，秋天正是重庆雾季的开始，蒋星煜乘坐扬起小小白帆的船儿，迎着嘉陵江润湿的秋风，沿着松软的沙岸缓缓地上溯。这如同是一个象征，重庆雾季的迷蒙，正如抗战胜利后国内形势却尚未落定的变幻莫测，而他乘坐的扬起小白帆的船儿，更像是年轻的自己。船儿自嘉陵江进了大渡口，低沉的天空徒然显得升高了许多，也似乎隐喻着自此启程的蒋星煜的艺术人生航程。

如果一定要以"格物致知"的方法论，透过蒋星煜的学术成果，考据、论证他性格、生活中赖以成就其艺术人生的重要因素，那么，在与诸多学者共通的酷好读书之外，至少我们还可以找到两点，一曰茶文化的影响，其二便是山水文化的熏陶。

不错，山水文化的熏陶也可以俗称旅游感悟。蒋星煜曾以读书来比喻旅游，他说，假如旅游也像读书一样，有浏览和精读之区分的话，他认为仅靠浏览是写不出有真情实感的文章的，因为浮光掠影，自己就没有多少真切的感受，自然也就谈不上什么收获。所以，要论山水对人的熏陶，对于山水之爱，还需要精读。

特定的时间，特定的环境和心境，1944 年暮秋的嘉陵江之行，算得上是蒋星煜早期的一次旅游精读，而且整个旅途富含思想性。

蒋星煜顺着嘉陵江移居北温泉以后，他过了一段闲适的生活，每天早晨在左近散步的时候，偶尔会采一些花束插在花瓶里，用水养起来。其实，花儿还不过是一个点缀，那一次他真正为之痴迷的，是峨默的《鲁拜集》和他须臾不离的西湖龙井。随之而来的冬夜，炉火是他最亲切的友人，和气的画家邻居以及来半山湖泊洗浴的农夫，那赤裸的身体呈现的力量感和人生而平等的意象。这些意象的折射，读者如果用心，都不难在他后来推出的作品中体味出来。

1986 年秋天，蒋星煜应山西师范大学的邀请去讲学，辛苦的讲学结束之后，主办者得知蒋星煜和一起前来讲学的王季思教授都在《西厢记》研究上下过一些功夫，于是，就特意安排王季思和蒋星煜从临汾南下永济，访问《莺莺传》和《西厢记》故事发生的地点普救寺。还对行程巧用心思，做了一个有点意义的安排，即让他们沿着《西厢记》中张君瑞当年进京的旅程，做一次追踪式的巡礼。对此，蒋星煜和王季思都兴味盎然，觉得这个安排确实很有意思。

那个天气晴朗的下午，蒋星煜他们和当年的张君瑞一样，从普救寺出发，所区别的不过是张君瑞当年走的是驿道，蒋星煜他们走的是公路，时间也差距了千年之久。正是暮秋时分，时间也同样是在下午，而且虽然走的是公路，车子却非常稀少，仍然显现出王实甫笔下的"落日山横翠"和"夕阳古道无人语"的气氛。这一次实地勘探，蒋星煜和一行人对《西厢记》的文学造诣再一次钦佩之至。尤其让蒋星煜深有感触的是，他再一次体会到实地考察得来的感受，是在书本里读不到的。

　　蒋星煜一行离开永济县的普救寺之后，还前往关羽的故乡解州，专程访问了全国最大的关帝庙。过去，尤其是在元朝、明朝、清朝三个封建王朝，每逢关羽的诞辰纪念日，都会在这里演出以关羽为题材的戏曲，以此向关羽祝寿。在实地探访的过程中，蒋星煜就在设想和感受，元、明、清三个朝代在这里躬逢盛事般纪念关羽的情景。在解州关帝庙的这个舞台上，关汉卿的《关大王独赴单刀会》已经不知道上演过多少次了。他想象着，剧中关羽那种高唱"大江东去浪千叠"的气势，又有多少回曾经震荡着这个古城宁静的夜晚。

　　此次参观考察，对蒋星煜的艺术思维也有所启示。他曾自认为自己在艺术研究上，有过于拘泥而食古不化的毛病，他还曾经因为当代画家画关汉卿肖像时多过参照关羽而心中不快，但是，这一次从关帝庙出来，他心中反而释然了：关羽的形象如何，关汉卿的形象又如何，正是因为缺乏确凿的第一手材料啊，可塑性本来就很大，艺术家的想象力应该可以在这里发挥一些效能吧。

　　1987年夏天，蒋星煜在河北承德避暑山庄参加了一个会议，主题是讨论中国戏曲中的元杂剧，如关汉卿的《单刀会》、《窦娥冤》、《救风尘》等作品，关汉卿是元代著名戏曲家，元代是蒙古人的统治时期。会议的地点放在元朝统治的重点和中心

蒋星煜承德避暑山庄留影（1987年）

地域北方的承德，会议期间居住在承德避暑山庄重新修建的蒙古包里。主办方精心安排的这一切，都让蒋星煜念念不忘。

上世纪 80 年代中后期，旅游区重点接待的还是外国游客，当时称之为外宾。承德避暑山庄修建的蒙古包，大概有三四十个之多，外形是完整无缺的蒙古包，里面却是颇为现代化的设备，空调、浴室、卫生间，一应俱全。蒙古包是专门用来接待外宾的，主办会议的承德市官方在两拨外宾入住的间隙，特地安排戏曲专家们住进了蒙古包。蒋星煜觉得好玩的是，当时游客将这些享受外宾待遇的专家也当成了观赏的对象。

这些戏剧史论专家最感兴趣的倒不是蒙古包的豪华设备，也不是被游客参观的好玩有趣，而是在蒙古包里畅谈元杂剧。这并非预先计划，纯属巧合的会议安排，成就了一次深入生活色彩无比浓郁的学术讨论，情景交融机缘难得。

1991 年，蒋星煜应邀到山东曲阜师范大学，进行关于孔尚任和《桃花扇》的学术交流。利用会议交流的间隙，他兴致勃勃地与几个同行一道，专门驱车拜访了曲阜城东的少昊陵。少昊原是传说中轩辕氏的儿子，曾经在山东曲阜建立都城，是中国历史传说中三皇五帝的五帝之首，据蒋星煜在史料中查证，传说少昊主政期间政绩还相当斐然。

因为出来得比较早，蒋星煜一行拂晓时分就到了少昊陵。因为还没有到少昊陵开门时间，他们就趁着那个机会悠闲地欣赏陵园四周的景色，听着忽远忽近鸡犬之声，似乎进入了"采菊东篱下，悠然见南山"的田园意境。少昊陵门开后，展现在他们面前的，是一百多亩宽广的陵园。到处密布着上接云天的古树，朝阳的万丈光芒透过树枝树叶，被古树的树叶剪裁成无数奇形怪状的碎片，成为使人眼花缭乱的"碎金"。一行人在这些"碎金"与苔藓交织的道路上缓缓而行，一时间，历史与现实交融，那种感觉难以描述。道路两旁排列着历代历朝的石碑，讲述着少昊陵的历史演变。

经过了五间宏伟高耸的享殿，蒋星煜这才看到在森森古木环抱中的少昊陵。原来这是一座设计得棱角分明、布局合理的金字塔，组成金字塔的四个斜面及其坡度绝对是均衡的，即使用最精密的现代化仪器去测量，恐怕也很难找出差错。陵墓的整体建筑结构，更是令人叹为观止。整个陵墓竟然是用一万块同样大小的巨石堆砌而成的，当时蒋星煜就想，这些巨石的堆砌，每一块都离不开精密的计算，同时还有一系列力学上的问题需要研究解决，这些，在那个久远的历史年代里，要做到都谈何容易啊。

蒋星煜与同行的专家讨论，少昊陵之所以可以称之为"金字塔"，至少应该有三个方面的依据：一是少昊本身就被称为金天氏；二是女真人的始祖有人考证为其子，但也有人上推到少昊的；其三则是每一个斜面都呈三角形，确实形状近似汉字"金"。当时，布场的几位同行者也都同意他的意见。

离开少昊陵后，蒋星煜还在想，中国的文史典籍和现代的一些游记散文都很少提到曲阜的金字塔这一奇观，一谈到金字塔，都只提埃及的法老陵墓。其实，埃及的法老陵墓虽然比少昊陵更古老也更宏伟，但用埃及文字去象形，却不是"金"字。而曲阜少昊陵，虽然从时间上要比埃及的金字塔晚四五千年，但和埃及金字塔一样，都是用同样大小的石块堆砌而成，而且用中国人自己的象形汉字去构筑，成了名副其实的"金"字塔。

蒋星煜一直认为，旅游，是另外一种阅读，他珍惜每一次外出旅游的机会。甚至利用每一次受邀请外出讲学短暂的间隙充分参观，对他而言，这也是给别人讲授知识之后，对于自己的一次文化补充。他认为，这种把书本知识和实地景色结合起来的学习机会，是自己坐在书斋中无法得到的。

# 第七章

# 《西厢记》研究

> 现在大家认为我对《西厢记》做了不少工作，也可以说我对《西厢记》的研究得到大家的认可。我对《西厢记》确实是花了力气的，比如实地考察普救寺旧址，研究"西厢"的位置，探讨《西厢记》对《金瓶梅》、《红楼梦》的多方面影响，并确认"红娘"这一名词在现代生活中的被广泛使用等等，这些也都是前人没有涉及的。

——蒋星煜

## 一、从《西厢记》剧组讲课开始

1953 年，蒋星煜还在华东艺术研究院做剧史整理工作。有一天，院秘书长伊兵找到蒋星煜，说研究院附属华东越剧实验剧团决定排演越剧《西厢记》，导演黄沙正在做精心准备，各方都希望这台越剧质量再上一个台阶，剧组在做各方面大力准备之外，也要考虑让演员对该剧内涵的认识有所提高。众所周知，剧组演员、导演等对于《西厢记》人物、主题的认识水准与排演水准有着直接关系。伊兵想到蒋星煜平素喜欢《西厢记》，于是，考虑请他为越剧演员吕瑞英、金彩凤、张桂凤她们说戏。其实，伊兵就是安排蒋星煜为演员和导演做一次讲座。

那一天，蒋星煜从元代王实甫的杂剧《西厢记》的时代背景、人物关系、性格特征、故事结构、矛盾冲突说起，还说到了《惊艳》、《拷红》、《月下佳期》、《长亭送别》等著名场节。他的讲座，略微带点溧阳口音，话语生动、知识丰富，让人听得津津有味。这次讲座是他与《西厢记》正式结缘的开始。

从那一次起，蒋星煜与越剧《西厢记》的渊源一直持续了五十多年。2007 年上海音像资料馆收集整理越剧《西厢记》的资料，因袁雪芬、范瑞娟、傅全香于 1954 年首演《西厢记》时，没有留下舞台纪录片，而几位主演对当时的演出情形记忆也不是十分清晰了，所以音像资料馆和音像出版社就邀请蒋星煜做一次"口述历史"

在戚派艺术研讨会上发言（左四为蒋星煜）

的访谈，由蒋星煜回忆，袁雪芬、范瑞娟两位主演在旁边补充、订正。后来，蒋星煜把这次"口述历史"浓缩以后，写成了《越剧经典〈西厢记〉的诞生》（发表于2007年10月《世纪》双月刊）。

2009年上海越剧院先后举行吕瑞英、金采风表演流派艺术研讨会，两次会议都邀请蒋星煜参加了。为了准备发言稿，蒋星煜重新欣赏了1980年代初吕瑞英、金采风两位演出《西厢记》的舞台纪录片，越发觉得于情于理而言，剧中扮演崔莺莺和张生的两位演员还是不拿扇子为宜，于是撰写了《崔莺莺和张生手中的扇子》（载于《上海戏剧》2009年10期）一文。

应伊兵之邀，蒋星煜给演员们讲《西厢记》，在当时纯属客串，或者说工作需要。然而，在讲课中涉及的几个无从考证的细节，却成了推动青年蒋星煜进一步研究《西厢记》的触发点。在谈到具体场景设计时，舞台设计苏石风问了蒋星煜几个问题，比如舞台上西厢的位置，究竟该如何确定下来？剧中张生跳墙的那堵墙该如何设计才好？还有张生在普救寺的住处是否搬迁过？等等。蒋星煜在这方面没有充分准备，一时无言以对。

做学问喜欢刨根问底的蒋星煜，自此开始了系统深入研究《西厢记》。他去寻找了《西厢记》的许多版本，并且加以比较。在这一过程中，他很快发现，当时的戏曲史一味抬高了关汉卿的《窦娥冤》，其实并不完全符合中国戏曲发展史上的实际情况。他发现《窦娥冤》传世的明清版本只有两个，而《西厢记》的明刊本居然多达六十多种。尤其是在欧洲，《西厢记》的译本或摘译本无论是英、德、法文，也都有一大批。

1950 年代中后期，上海戏剧学院在上海市文化局的统一安排下，分批次开办高级戏剧研修班，蒋星煜担任专题主讲《西厢记》的专家。随着讲课的开展，逐渐地，蒋星煜把研究重心放在明刊本《西厢记》方面。《西厢记》研究的史料丰富性与可靠性均不同凡响，其版本历来就有许多，光是明刊本就有六十种左右，这在戏剧古籍研究中实属罕见。为了对其进行全面掌握，蒋星煜基本上把这些国内收藏的明刊本或复制本通读了一遍。

1980 年代，社会政治形势趋于稳定，蒋星煜做学术研究的条件得到极大改善，他有条件把《西厢记》研究做深做透了。为了准确了解一切与明刊本《西厢记》相关的信息和资料，他利用一切机会接触来自各方面的专家学者，同时不忘阅读大量的文献资料。为此，他足迹遍及七八个省市，专程进行调查研究和艺术交流。凡是与"西学"有关的资料和信息，他都怀着极大的兴趣去"打听"和采集，然后潜心思考和整理，形成文字稿本。

1986 年秋季，蒋星煜去山西参加古代戏曲学会的会议，在南下永济时与一起参加会议的王季思、周续庚一道访问了正在大规模重修的普救寺。在那里寻访到许多遗迹遗址，听到了与《西厢记》相关且口口相传的逸闻趣事。更重要的是，他们还发现了许多《西厢记》版本的线索。他们几位都是研究《西厢记》的专家，探访普救寺对他们而言就意义非同一般，大家也都看得格外仔细。考察中，他们还对诸如"张生跳墙处"、"莺莺所住院落"等具体细节，发表了意见，对普救寺重修的规划提出了修改意见。这些专家和研究者的建议，对普救寺的保护和修缮具有不寻常的意义。上世纪 80 年代初，蒋星煜将第一批研究成果汇集成书，最早由中国戏剧出版社出版了《明刊本〈西厢记〉研究》（此书获得 1984 年首届中国戏剧家协会举办的戏剧理论著作奖提名），此后，先后又推出了《〈西厢记〉罕见版本考》、《〈西厢记〉考证》、《〈西厢记〉新考证》、《〈西厢记〉的文献学研究》等，还有一本与上海图书馆合编的《〈西厢记〉俪影集》。

1990 年代，蒋星煜为了考证了解明刊本《西厢记》，分别跑了国内多个省市，实际考察《西厢记》版本的变迁和演变，并推出一批研究成果。随着研究的深入，他越发认为《西厢记》是中国文学史、中国戏曲史上最伟大的作品之一。

到了 1997 年，蒋星煜已经在《西厢记》研究领域撰写了一百多篇论文，计一百多万字，这些论文因为数量众多，不便一一详细列举，但粗略统计，其中大部分

与上海戏剧学院宋光祖教授及其研究生合影

发表在这一时期的《中华文史论丛》、《社会科学战线》、《文学遗产》以及华东师范大学、上海师范大学、中央戏剧学院、上海戏剧学院等诸多大专院校的校刊上，此外，上海社会科学院《社会科学季刊》、河北社会科学院《河北学刊》、山西社会科学院《晋阳学刊》等学术刊物，也在这一时期发表了不少。

从 1996 年开始，蒋星煜从文献学研究的角度，把以上大量发表于各个学术刊物的这一领域的单篇论文，加以整理和补充，不仅使之在体例上达到统一，也删掉了一部分在内容上有重复之嫌的文章，由上海古籍出版社出版了《〈西厢记〉文献学的研究》一书。1999 年 9 月 10 日，这本《〈西厢记〉的文献学研究》荣获中华人民共和国文化部第一届文化艺术科学优秀成果奖。

与此情形比较类似的是，2004 年，上海辞书出版社出版了蒋星煜的《〈西厢记〉研究与欣赏》第一版，收入其中的多篇研究论文，也是先后发表于众多刊物之上的，时间跨度达二十年之久。此书出版后受到读者欢迎，很快销售一空。到了 2009 年，上海人民出版社决定推出该书第二版，在第一版的基础上，蒋星煜多有补充修订。如在"改编·演出"栏目，就增加了两篇有感而发的欣赏文章——《越剧经典〈西厢记〉的诞生》和《崔莺莺和张生手中的扇子》。

## 二、红娘形象重放光彩

以往学者在论述《西厢记》的时候，大都围绕着莺莺和张生展开，对红娘这一人物的重要性缺乏认识。蒋星煜在研究中慧眼独具，从红娘身份的变迁和延伸上下了不少功夫。在系统的梳理、研究过程中，他以膨化、越位、回归与变奏来演绎《西厢记》中红娘一角。蒋星煜认为，是"愿天下有情人终成眷属"的深入人心，才造就了《西厢记》的出版、翻译、改编、演出的全方位的繁荣，而作为这一宗旨的表现者和推动者，正是红娘的价值所在，"红娘"在人们生活语言中使用频率飞快递增和急剧演化也说明了这一点。

《西厢记》源自唐代元稹所作传奇小说《会真记》，在这篇传奇中，元稹用了一定的篇幅写了红娘，红娘对莺莺与张生的所有行动都起了决定性的撮合作用，就连最后在张生书房幽会，莺莺也是由红娘送来，再由红娘接回去：

> 崔之婢曰红娘，生私为之礼者数四，乘间遂道其衷。婢果惊惧，腆然而奔……张大喜，立缀春词二首以授之。是夕红娘复至。持彩笺以授张。……俄而红娘捧崔氏而至，至则娇羞融冶，力不能运肢体，天将晓，红娘促去。崔氏娇啼婉转，红娘又捧之而去。

经过仔细比对，蒋星煜发现，元稹用于描写红娘的篇幅，虽然少于莺莺与张生，但还是要多于崔老妇人。由《会真记》到董解元的《西厢记诸宫调》，对于红娘的描写，除了一般的情节扩展，不仅有了体态、容貌、风度的内容，而且对于红娘的美丽和品德也没有忽略。到了王实甫的元杂剧《西厢记》，红娘的出场次数和戏份都有了大幅度的增加。

随着红娘的艺术形象在舞台上日益放射夺目光彩，这一人物成了热衷为青年男女爱情而操劳的典型象征，再推而广之，成为关心青年爱情生活的一切媒介人物或者单位的美称。这一点，在中外戏剧史上，也是独一无二的。

蒋星煜对于《西厢记》中红娘的身份认知得到了圈内圈外朋友的广泛认可，而他关于《西厢记》对小说《金瓶梅》的影响，也具有与众不同的视角。

在研究中，蒋星煜发现《金瓶梅》作者对《西厢记》非常熟悉，在小说中屡屡借用、搬用、改用《西厢记》的曲词和说白。比如《西厢记》第四出《斋坛闹会》中，普救寺众僧为崔相国追荐亡灵而作法事之际，老夫人和崔莺莺被长老唤去拈香，差不多所有和尚都被崔莺莺的艳丽吸引住了，这一场法事乱了套。张生因此唱了一曲【乔牌儿】，蒋星煜对照《金瓶梅》第八回《潘金莲永夜盼西门庆　烧夫灵和尚听淫声》一场，潘金莲害死武大郎之后，做佛事超度，也描绘了一班和尚为潘金莲的色相所倾倒的情况，由此看出了他们之间的借用关系。

在《西厢记》研究著作《〈西厢记〉研究与欣赏》（上海辞书出版社，2004年第一版；2009年上海人民出版社再版）一书中，蒋星煜从审美的角度，对《西厢记》做了多方位的美学赏析。他详细分析了《西厢记》作品结构中矛盾冲突的主次安排，包括矛盾状态的三个层面，具体阐述了作者对"误会法"技巧的棋高一着的运用。他尤其赞赏王实甫在作品一开场对于崔莺莺美貌的细致传神描绘，认为"再无其他名著有如此成功而完美的开局"。

对于《西厢记》中"月下佳期"的性爱描写，历来争议不断，这也是《西厢记》成为历代禁书的一个主要因素。对此，蒋星煜十分赞同清代金圣叹"必至之情"的论断，他在《〈西厢记〉研究与赏析》中，专辟一章，从美学和人性层面解读了这对历史恋人勇敢而铭心刻骨的性爱探求，笔触富有诗意，对许多研究者的启发意义，不容小觑。

蒋星煜的《西厢记》研究，兼具考证家的严密和文艺家的睿思，所取得的学术成果有目共睹，也引起了国际学术界关注，比如荷兰莱顿大学的伊维德教授、英国牛津大学的龙彼得教授、前苏联科学院东亚研究所的索罗金教授等，他们各自都在

1981年接待荷兰莱顿大学的伊维德教授

论述中国古典戏剧的研究论文中，多次引用蒋星煜的有关论述。

尽管成就斐然，可蒋星煜本人在《西厢记》研究方面一直保持很是低调的态度。蒋星煜评价自己关于《西厢记》的研究时，是这样说的："现在大家认为我对《西厢记》做了不少工作，那也是事实。恐怕还有一些另外的因素，那是因为我在宝岛台湾也出版了有关《西厢记》的著作，在日本又出版了著作的手迹影印本，并和日本、欧美的《西厢记》专家有些交往。人家对我的看法有些改变。所以也可以说我对《西厢记》的研究得到大家的公认。当然，实地考察普救寺旧址，研究'西厢'的位置，探讨《西厢记》对《金瓶梅》、《红楼梦》的多方面影响，并确认'红娘'这一名词在现代生活中的被广泛使用等等，都是前人没有涉及的。"

事实上，若论蒋星煜的《西厢记》研究成果和所取得的成就，无论就其系统性还是深刻程度，远远不是这么三言两语就可以概括得了的。

## 三、文献学的研究典范

在研究《西厢记》的过程中，蒋星煜一直注重探索文献学和文艺科学两者之间的关系。他始终觉得弄清这两者之间的关系，对于《西厢记》乃至整个中国戏曲史的研究都有重要意义。他在文献学研究方面下了巨大的功夫，范围包括版本学、目录学以及尚未十分具体的序跋学研究等。他几乎读遍了国内所有收藏的明刊本或者复制本，仅明刊本就有六十种左右，清刊本则多达一百种左右。他还始终坚持一个观点，即是包含在文献学中的版本学、目录学以及序跋学等，这些也同训诂学、音韵学存在着横向联系。

在《西厢记》研究过程中，蒋星煜从一开始就展露了不同于一般研究者的得天独厚的优势。一则就是他从青年时代就养成的阅读经史子集的好习惯，二则就是他始终没有局限在从戏曲论著中去发掘材料。他对明代较少见的野史和诗文集一直爱不释手，这种颇具个性的人文知识积累，开阔而扎实，使他在研究文史哲的任何专题时都拥有一个非常有利的条件。他在研究明刊本《西厢记》时几乎可以说做到了左右逢源，触类旁通。

因此，在研究方法上，他就大大区别于其他学者。首先，他从源头上对《西厢记》早期周宪王本、碧云斋本、朱石津本三种版本进行了比较。这三种版本一般认为现在已经散失，而蒋星煜不仅证实了它们确实存在过，还清理出彼此之间的关系和影响。更重要的是，他还从现存的版本中或多或少地发现了这几种版本的遗迹。

在广泛搜集资料的基础上，蒋星煜具体列出了现存所有明刊善本《西厢记》的版本。比如顾玄纬本，虽然已经失传了，但他经过推测证实，现在还可以找到的

《会真记补编》就是这个版本的附录，据此证明其确实存在过。再比如金在衡的《西厢正讹》一书，现在也不存在了，蒋星煜从各种明刊善本的批注、校勘文字中，勾勒了《西厢正讹》一书的大致轮廓。

蒋星煜还以史为线，把现在可以找到的李卓吾本、徐文长本的版本特征逐一列举出来，对其中一些版本的真伪问题进行考证，并提出了自己的疑窦。通过考证，他认为，无论李卓吾本还是徐文长本，其数量都在五种以上，笼统地把它们概括在一起是很不科学的。他同时提出，外界流传是徐文长版本的《羊城佑卿评本〈西厢记〉》，一定属于赝品，因为这个版本不具备任何徐文长本的特点。而金陵师俭堂刊本《汤海若评本〈西厢记〉》，虽然托名是汤显祖之作，但上面的评论文字几乎全部是由李卓吾的原文或者从李卓吾《西厢记》评点本中搬过来的，有的也不过是加以改写而已，实际上至多可算做经过特殊处理的李卓吾批本。

《西厢记》插图

到了 1990 年代，蒋星煜的《西厢记》研究已经蔚为大观。学术界认可了他在《西厢记》研究中的两个重大发现，其一，就是一般人只知道朱素臣是《十五贯》的作者，蒋星煜却在史料研究中发现了朱素臣创作的《〈西厢记〉演剧》一书。此前，此书并没有在任何藏书家的目录或者笔记中出现过。蒋星煜不仅发现了这本书的存在，还考证出它刊印的精美程度在当时也属于一流的。其二，则是徐文长、李卓吾、金圣叹三人都是正统思想所不容的"异端"，三人最终结局各不相同，徐文长依附胡宗宪，以发狂终老；李卓吾受封建礼教迫害选择自杀身亡；金圣叹玩世不恭，敢冒天下之大不韪，终被官府以不敬孔子罪名斩首。但他们最大的一个共同点，却是对《西厢记》的高度评价。

与一般学者也有所不同的是，由于长期研究美术和书法，蒋星煜研究《西厢记》没有止步于版本和唱词，他的视线很快延伸至《西厢记》插图领域。有关《西厢记》插图的论文，蒋星煜先后撰写了四篇。凭借自己深厚的美术素养及敏锐性，他发现，自明代以来，唐伯虎、钱谷、仇英、陈老莲等著名画家都画过崔莺莺的画像，或者画过《西厢记》的故事。而徽州画派与徽州刻工在刊印文字的同时，还创作了大量取材《西厢记》的版画，因此《西厢记》明刻本插图特别丰富，《西厢记》插图对中国美术史的影响既深且远。

在实际勘察《西厢记》流变的过程中，蒋星煜还将目光落在了明、清两代《西

1987 年在北京与日本庆应大学冈晴夫教授合影

厢记》比较著名的评点校刻者、整理改编者身上。他研究中的另外一个重要成果，就是勾勒《西厢记》明、清两代比较著名的评点校刻者、整理改编者的大致的人生轨迹。在众所周知的李卓吾、汤显祖、徐文长、陈继儒等人之外，他将对于《西厢记》版本、刊本素有贡献的如徐奋鹏、余沪东、张深之等人的出身、经历、著述以及交游等，做了全面的介绍。这一点弥补了"五四"新文化运动以来，在《西厢记》研究者考证领域的一项空白。

经过多年潜心耕耘和筚路蓝缕的拓展以及不同以往的深层介入，《西厢记》的研究成为蒋星煜学术研究中一块非常重要的领域。他分别在北京、上海、台北、日本东京等地出版了七部有关《西厢记》的学术专著。由上海人民出版社隆重推出的八卷本《蒋星煜文集》中，关于《西厢记》研究的文章、著作就有厚厚的两大卷。《西厢记》研究，在蒋星煜的学术研究领域有着举足轻重的地位，成就也为世所公认。由于长期致力于《西厢记》多方面的梳理、钩沉，蒋星煜对于《西厢记》研究的影响，不仅在国内极具权威，也具有了国际性的声誉。1987 年，"中国戏曲国际学术研讨会"在北京召开。蒋星煜受邀出席了这次会议，日本方面参加会议的有田中谦二、冈晴夫、波多野太郎等三位知名教授。

1987年在家中接待波多野太郎教授

波多野太郎教授生于1912年，早年的博士论文就是研究中国的老子，其受中国文化影响之深广，不是一般的日本教授所能比拟的。他曾经与赵景深教授、王季思教授就学术问题多次通信商讨。他的书信都是用相当典型的古汉语写成，很漂亮，而且他为许多中国学者著作所写的序言，也是用文言文完成。

波多野太郎教授与蒋星煜在会上相识，此后两人相互通信20多年。至今蒋星煜保留着他们的通信原件约有60多封，这些信件基本都是用古文写作而成，许多还盖上了各种名章和闲章，至少也盖有一枚名章。足见波多野太郎教授对于中国文化之熟稔，对于中国戏曲学研究之重视。

波多野太郎评价蒋星煜的《西厢记》研究时说："他发现了徐士范万历八年刻《重刻元本题评音释〈西厢记〉》，比另外的诸种版本，有较多特殊价值，纠正了国内外学者的一些错误。"他认为蒋星煜的《明刊本〈西厢记〉研究》"以乾嘉之文献学做基础，用戏剧家之文艺科学为武器"，道出了蒋星煜《西厢记》研究的"要义"。

截至2004年，蒋星煜撰写、出版有关《西厢记》的著作共有七种，分别是

《明刊本〈西厢记〉研究》（1982 年中国戏剧出版社出版）、手稿真迹影印本《〈西厢记〉罕见版本考》（1984 年日本不二株式会社出版）、《〈西厢记〉考证》（1988 年上海古籍出版社出版）、《〈西厢记〉新考》（1996 年台湾学海出版社出版）、《〈西厢记〉的文献学研究》（1997 年上海古籍出版社出版）、《西厢俪影集》（1999 年上海科技文献出版社出版）以及《〈西厢记〉研究与欣赏》（2004 年上海人民出版社出版）等。

蒋星煜曾经供职的上海艺术研究所研究员周锡山曾说："蒋先生所选择的重点研究项目都是第一流的对象，例如书法，他研究的是中国成就最高的书法艺术之一的唐代颜真卿的颜体，戏曲研究则着重于《西厢记》，其次是汤显祖及其《牡丹亭》，还有《桃花扇》。《西厢记》是中国文学史、戏曲史上最伟大的作品之一，蒋的《西厢记》研究，成就卓越，影响巨大，其特点是宏观与微观相结合，考证与分析相结合，理论与审美相结合，'厢'内研究与'厢'外研究相结合，眼光高远宽广、分析细致入微。"

蒋星煜的学术研究，还有一个常人轻易达不到的特点，那就是，他总是能够把博大精深的学问做得生动鲜活，在他的笔下，学术研究绝无枯燥沉闷之感，恰恰相

参加汤显祖纪念活动，在遂昌遗爱亭留影。（右三为蒋星煜）

反，阅读他的学术著作，带给人的是一种阅读的愉悦享受。关于这一点，学者姚品文曾撰文说："我一直喜读蒋先生的学术文章，开始并未意识到原因何在，逐渐读得多了，发现他的一个特点就是举重若轻。学术含量丰富造成它的沉甸甸的分量，读起来却比较轻松，不像某些文章总要虚张声势，让人望而却步。这只有厚积而薄发者才能做得到。什么是厚积？当然是多方面的学养，但我想，史学修养是其中最重要的一个方面。有什么比历史的分量更为厚重呢？"

# 第八章

# 辞书编纂

1986 年，上海辞书出版社决计编辑出版《元曲鉴赏辞典》，并聘请我做了主编。

我当时考虑到元曲比唐诗、宋词要冷僻得多，就提议聘请上海戏剧学院戏文系叶长海、华东师范大学中文系齐森华两位年轻学者担任副主编。又商讨，聘请一批专家学者为《元曲鉴赏辞典》撰写条目，作者中间有几位大家如马少波、王学奇、徐朔方等都属于工作繁忙之人，但经过我和几位同仁的再三延请，也答应撰写其中部分条目。

——蒋星煜

## 一、由《辞海》出发的戏剧辞典之旅

1960 年，原上海市文化局戏剧处处长刘厚生受上级委派，主编《辞海》戏剧戏曲卷，他邀请了上海戏剧学院教授赵铭彝、顾仲彝、田稼，上海京剧院副院长陶雄，上海戏剧家协会邵曾祺等人组建了一个编辑班子。前两个月，这个班子一直在体例、内容上进行反复讨论，没有撰写出大家都满意的样条，工作进展相对迟缓。

《辞海》编辑工作启动两个月之后，蒋星煜被刘厚生调进去加入这个编辑班子，正式开始《辞海》编撰工作。参加编撰工作的前两天，蒋星煜熟悉了工作流程，并查阅一系列相关资料。随后，他即开始埋头撰写词条。等到蒋星煜进入《辞海》戏剧戏曲编辑组的第三天，他即完成了【十五贯】和【马锦】两个词条的撰写。刘厚生审阅后非常满意，当即批示照此体例撰写。至此，《辞海》戏剧戏曲组编辑工作向前推进了一步。

因为发挥了自己的专长，蒋星煜在《辞海》戏剧戏曲编辑组的工作越来越顺畅，同时也因为蒋星煜业务能力的突出，他的工作引起了《辞海》编委会统管文学、戏剧、戏曲、音乐、美术的大组长李俊民的注意。李俊民赏识蒋星煜扎实丰富的戏剧戏曲史知识，就鼓励他写成了《关于〈南词引证〉的几个问题》、《欧阳予倩对声腔研究的贡献》等文章，后分别发表于上海的《文汇报》和北京的《光明日报》。当时这两份报纸的版面还都只有对开一大张，为了发表蒋星煜的两篇文章，都用了刊登新闻的头版版面，这在当时，算是规格非常高的了。这两篇文章发表的作用和意义，后面还会进一步讲述。

那一阵子，蒋星煜博学的名声在文化局人尽皆知。一次，文化局总务处发现蒋星煜办公桌抽屉锁具坏了，就安排工人师傅前来维修。工人很快就把锁具换好了，等到临走时，却说了一句很是经典的话，大意是老蒋的桌子抽屉锁是不用修的，因为里面的知识谁都偷不走，为什么呢？因为都藏在老蒋的肚子里。这句话一时在文化局机关传为佳话。

两年之后，也就是到了1962年，在大家的努力下，《辞海》编辑工作顺利完成。在整个戏剧戏曲部分的编辑过程中，主管这个领域编辑工作的刘厚生积累了大量这方面的资料。刘厚生在解放前是中共上海地下党员，解放后一直分管戏剧戏曲方面的业务工作，因为为《辞海》编辑工作收集的资料还是比较丰富的，他觉得扔掉这些材料太可惜了，总想尽可能把这些资料运用得充分一些。蒋星煜在《辞海》戏剧戏曲组的表现十分出众，他觉得，蒋星煜可以在这个领域再帮助他做一些事情。随即，他把蒋星煜借调到上海剧协，继续这方面的工作，而且确定了目标，准备利用这些材料编写《戏剧大辞典》。

随后的几年时间里，蒋星煜一边全力编写《戏剧大辞典》，一边受上海市文化

1964年，蒋星煜携家人去杭州看望姐姐蒋承训一家

局和上海戏剧学院委托，为文化局和上戏合办的高级编剧班和高级研修班主讲《西厢记》和《十五贯》。文化局和上戏的高级编剧班一共办了两届，研修班办了一届，为上海戏剧届培养了一大批中坚力量。蒋星煜当时为他们主讲的《西厢记》，一般讲课时长为四个上午，课堂气氛热烈。因为讲课很受学员欢迎，除了高级研究班和高级编剧班，上海戏剧学院其他系也陆陆续续请蒋星煜上课或主讲专题。

1964年，一心想着编撰《戏剧大辞典》的刘厚生调往北京中国剧协，《戏剧大辞典》编辑班子随即宣布解散。不久，蒋星煜回到上海市文化局上班。

编撰戏剧辞典的工作中断了十多年，蒋星煜到艺术研究所工作后，又重新将主要精力用在《中国戏曲曲艺辞典》和《中国戏曲剧种大辞典》的编辑工作上。

两本辞典编撰完成，蒋星煜觉得自己花了不少力气，扪心自问，最起码，应该主要也算是自己的劳动果实了吧？但还是有不愉快的事情发生。蒋星煜事后知悉，当时居然有一字未写的领导，试图把自己署名为辞典主编和副主编。这件事情很让身为学者，又戮力编写两本辞典的蒋星煜大为光火，这一次，他罕见地发怒了。他回忆说，知道了那件事情后，自己压抑不住气愤，进行了质问。这算是"拨乱反正"之后，蒋星煜学术生涯上一次不愉快的小插曲。

## 二、辞典概念之争与《元曲鉴赏辞典》

1983年，上海辞书出版社出版了《唐诗鉴赏辞典》，发行量很大，此前该辞典的出版由上海辞书出版社文艺编辑室具体安排，拟定好选目、范例之后，向全国唐诗专家、教授约稿。在此基础上，《唐诗鉴赏辞典》形成了语言清新、别具慧眼的赏析风格，是一本可读性很强的鉴赏性辞典。但是很快，有人发表文章，以《请勿以名乱实》为题，对这本辞典展开了尖锐的批评。一时间，引起读者和出版界震动，也令此辞典的编辑感到不平和委屈，他们希望得到公正的评价。

蒋星煜当时是《辞海》主要撰稿人之一，也担任了《中国戏曲曲艺辞典》分科主编，得知这一消息，也感到十分意外。但蒋星煜思考后认为，对于鉴赏性辞典的出现，辞书释文的编写者不是预言家，不可能设想到后来会有鉴赏性辞典出现，这原本无可厚非，但不能据此就把鉴赏性辞典排斥在辞典的大门之外。随后，蒋星煜仔细读了《请勿以名乱实》一文，又根据切身体会反思了1960年修订《辞海》的经过，再对1979年修订《辞海》时编委会及相关的一些事进行了回忆，在1985年2月16日《新民晚报》副刊"夜光杯"栏目，以《为辞典多样化正明》为题，发表短文：

我以《辞海》主要撰稿人之一的身份作证，1960 年开始编写的《辞海》，受"左"的影响是很明显的，今天发行的版本中仍旧残留某些痕迹，在古典戏曲方面，过于突出关汉卿，而相对地对王实甫、汤显祖有所贬低就是一例。

　　《唐诗鉴赏辞典》能重视历来所忽略的许多佳作，能够对李白、杜甫采用公允的态度，我认为正好是对"哗众取宠"态度的一种纠正。

　　《辞海》中有关【辞典】的释文，是 20 多年前定稿的，随着时代的变化，今天辞典更丰富多样化了，这一条释文不能适应新的形态，加以修改我看是必要的，不能根据这条释文来否定《唐诗鉴赏辞典》。最后，我觉得这不仅是一个学术问题，也是一个思想方法问题。我说：罗禹的推理公式如果成立，那么 20 年前辞书中的【社会主义】条目中也想不到中国特色的社会主义。怎么办呢？我们今天是应该把【社会主义】这一条目的释文做修改补充呢？还是全盘否定今天中国特色的社会主义呢？

　　新的辞典形式不断推出，这应该是社会发展尤其是辞典出版发展过程中无法避免的一种现象，虽然新生事物的出现也曾经引来争执不断，但是，随着岁月的推移、时代的进步，读者和出版界人士都越来越适应了这一新的出版现象。而且，我们欣喜地看到，出版界类似于这样的情形，如今已经更多地纳入到了正常的学术争鸣的范畴。应该说，蒋星煜对此项学术进步，是做出过贡献的。

　　到了 1986 年，上海辞书出版社决定编辑出版《元曲鉴赏辞典》，很多人仰慕王季思大名，主张聘请王季思担任主编。随即，责任编辑沈伟麟专门做了一个统计，自改革开放以来，关于元曲论文的发表数量，蒋星煜还多于王季思，而且，王季思当时任教于广州中山大学，而现成的蒋星煜就定居上海，执教于华东师范大学和上海师范大学等。并且蒋星煜不仅有为《辞海》撰稿，而且有主编《中国戏曲曲艺辞典》分卷、《中国戏曲剧种大辞典》的经历，又在《唐诗鉴赏辞典》等争议中对于辞典编辑工作有许多思考和宝贵经验，上海辞书出版社遂决定《元曲鉴赏辞典》的编辑工作就聘请他作为主编。

　　蒋星煜考虑到元曲比唐诗、宋词要冷僻得多，就决定聘请上海戏剧学院戏文系叶长海、华东师范大学中文系齐森华两位年轻学者担任副主编。大家经过商讨，聘请一批专家学者为《元曲鉴赏辞典》撰写条目，作者中间有几位大家如马少波、王学奇、徐朔方等，从来不愿意撰写这一类鉴赏性的文字，但经过蒋星煜等人再三商请，最终答应撰写其中部分条目。

　　经过几年孜孜不倦的努力，《元曲鉴赏辞典》于 1990 年出版，因为专业性强，销售情况比前面的《唐诗鉴赏辞典》和《宋词鉴赏辞典》都要稍差一些，但是到了1999年，也已经有了10次印刷，印数也达到17万册。在某种程度上，蒋星煜参与主编的这一系列高质量鉴赏辞典，在国内掀起了一股鉴赏性辞典出版的热潮，也取得良好的社会反响。

### 三、网罗才俊攻关《明清传奇鉴赏辞典》

在经历了为《辞海》撰稿，主编《中国戏曲曲艺辞典》分卷、《中国戏曲剧种大辞典》，又在《唐诗鉴赏辞典》等争议中对于辞典编辑工作提出许多思考和宝贵经验，以及编辑出版《元曲鉴赏辞典》之后，蒋星煜在上海的词典编辑领域获得很高声誉，他干一行钻研一行的治学态度，在辞典的编辑过程中再一次体现出来。

所以，当上海辞书出版社后来提出要求，想约请蒋星煜出面再主编一本《明清传奇鉴赏辞典》时，蒋星煜虽然考虑到了这个任务可能比较艰巨，也考虑到了几位可以依仗的古典戏曲大师已经先后谢世，而且古典戏曲专业在当时商业化的浪潮下也不是太受欢迎。但是，精神层面追求的愉悦战胜了现实的困扰，出于对明清传奇深深的喜爱，蒋星煜还是欣然接受了这一主编任务。后来他也说，自己之所以接受这一任务，还有一个想法，那就是时不我待，因为明清传奇的研究专家在可以预见的将来，

《戏曲大辞典》编委合影（左一为王肯，左五为蒋星煜）

只会越来越少，那个时候再来编辑《明清传奇欣赏辞典》，只会条件更加困难。

蒋星煜考虑到，当初编辑《元曲鉴赏辞典》时，因为读者往往是把元曲作为文学作品欣赏的，人们也十分习惯把唐诗、宋词、元曲相提并论，因此组稿相对容易，在研究唐诗、宋词的专家学者基础之上，吸纳了一些古典戏曲界的学者专家即可。但明清传奇与唐诗宋词在艺术特征上就有很大的区分了，因为明清传奇的鉴赏和观摩舞台演出关系密切，它已经不仅仅是文学范畴的问题，有时也涉及戏曲音乐和表演艺术。因此，《明清传奇欣赏辞典》的八十六名撰稿者，基本都来自戏曲舞台研究领域。当然，这八十六名作者也是蒋星煜和编辑组同仁精心挑选出来的。

比如《张协状元》《琵琶记》与"荆、刘、拜、杀"等南戏剧目，分别由俞为民、孙崇涛、徐顺平等撰稿，俞为民是著名南戏专家钱南扬教授的研究生；孙崇涛是国内研究《风月锦囊》成就突出者；徐顺平为南戏学会主要成员，上世纪 80 年代就开始发表一大批南戏论文，而且在香港还发表了研究专著。主编过《中国昆曲大辞典》的吴新雷也应邀撰写了不少条目。其他作者还有复旦大学赵景深教授的几个弟子江巨荣、马美信、陆萼庭等。

与南戏专家俞为民教授合影

《明清传奇鉴赏辞典》文本的选取，也体现了蒋星煜长期以来对于明清传奇戏剧的思考，带有蒋星煜在学术上一贯的严谨作风。比如，此书附录了《明末书林戏曲选本九种折子戏本》、《清乾隆以来戏曲选本五种折子戏表》等，蒋星煜认为，这两份附录，应该就是明、清舞台演出的记录了，即使还算不得多么全面，也差不多了。以此为基础，再参照新中国成立以来昆剧、川剧、潮剧、婺剧、湘剧等地方剧种所演出传奇剧目的实际情况，排出剧目单，这样，遗漏的几率就已经大为降低了。

《明清传奇鉴赏辞典》的词条以单折（出）为单元，两份附录所罗列的剧目也是以单折（出）为单元，在这种情况之下，可能会有一些文学价值高而舞台演出甚少的剧目会被遗漏掉。所以蒋星煜又主张参照毛晋《六十种曲》做了一次核对。即使是这样一次编辑意义上的核对，蒋星煜严谨细致的作风依然展现无遗，他要求的核对并不是盲目依从，例如《六十种曲》收了元杂剧《西厢记》，《元曲鉴赏辞典》里已经收入了《西厢记》，所以《明清传奇鉴赏辞典》就不再考虑收入。

考虑到迄今为止，宋元南戏保存完整而且影响比较大的版本，也只有《永乐大典戏文三种》，其中《张协状元》为宋代精品，其形式与内容都具有代表性，的确具有鉴赏价值，并且艺术风格也与《琵琶记》和"荆、刘、拜、杀"都非常接近。所以，蒋星煜的意见是将它们一并收入《明清传奇鉴赏辞典》附录中。

在蒋星煜印象里，清代的传奇文本，首先是《长生殿》和《桃花扇》，虽然《清乾隆以来戏曲选本五种折子戏表》所收录的《桃花扇》的单折，也只有"访翠""寄扇"和"题画"，但是，蒋星煜觉得根据刘中柱《又来馆文集》以及金德瑛等人的《观剧诗》所提供的材料，可以确定康熙、乾隆年间曾经两次出现演出《桃花扇》的盛况，显然那些选本是因为害怕"文字狱"而少选了。因此，蒋星煜决定现在又选出"却奁""沉江"等几出，虽然他们都不曾出现在前面的两份演出表格中。

另外，《明清传奇鉴赏辞典》剧作家部分收入的一大块是以朱素臣、朱佐朝为核心的苏州作者群体，当然也就包括了"一人永占"（即《一捧雪》、《人兽关》、《永团圆》、《占花魁》）的作者李玉在内了。就此，蒋星煜设想朱素臣的《十五贯》所写的清官断案题材也并不新奇，但是，这几个剧目却强调了调查研究而反对以成见进行逻辑推理，也对一部分人的定向思维具有警醒作用，这也是1957年浙江昆剧团上演《十五贯》后一炮打响，所谓"一台戏救活了一个剧种"，迅速风靡全国的根本原因。鉴于此，他决定也选录其中四出。

李玉虽然以"一人永占"名世，但他的《清忠谱》和《千钟禄》是严格意义上的历史剧，其思想性、艺术性绝不在"一人永占"之下。同时，蒋星煜考虑到，就中国戏曲史发展而言，清初民间就流传着"家家收拾起，户户不提防"的口头禅，其中的"收拾起"就是出于《千钟禄》中的"惨睹"，《清忠谱》和《千钟禄》自然有细细鉴赏的必要和价值了。

对于清代另外一位著名戏剧家李渔，蒋星煜一直有自己的思考。李渔在中国古代戏曲理论领域卓有建树，是对戏剧表演艺术作了系统性研究的鼻祖，众所周知，他的《闲情偶寄》是中国古代戏曲理论著作中的一朵奇葩。蒋星煜认为，虽然李渔的创作成就似乎稍微逊色于他的理论成果，但是李渔仍然不失为一位创作贡献巨大的喜剧大师。所以，《明清传奇鉴赏辞典》共选了他的六个传奇的十一个单出。尤其是，蒋星煜认为李渔的《风筝误》中的"惊丑"是神来之笔，也为演员的舞台表演提供了充分发挥的空间。

清代乾隆以后，昆剧舞台之所以还是维持了较为长久的繁盛，在演出方面以原来的传统剧目为主，表演艺术方面也有较快的发展和提高，究其原因，就根本而言，是此时传奇剧作已经逐渐趋于低迷。起先还有蒋士铨的《冬青树》、《雪中人》、《临川梦》操持局面，随后，方成培的《雷峰塔》在以"白蛇传"为题材的作品中显得比较突出。虽然洪炳文、刘清韵、古越嬴、宗季女、吴梅等一批人继续创作传奇剧作，但他们所创作的传奇在舞台上演出的已经不多，这说明在京剧还在全国广泛流行期间，作为话剧的萌芽文明戏在上海等地相继出现之前，传奇剧的写作即使没有完全绝迹，但也只能作为一种象征性的存在了。鉴于此，蒋星煜决定收录有限的几出戏，作为《明清传奇鉴赏辞典》的尾声。

与韩国汉阳大学教授吴秀卿（右一）、上海师大教授翁敏华（左一）合影

## 四、《南词引证》与昆山腔变迁的商榷风波

1961 年，南京大学钱南扬教授校注魏良辅的《南词引证》，鉴于在魏良辅的《南词引证》原书下落不明的情形下，路工于张丑《真迹目录》中发现了文征明版本，钱南扬就此做了校注。钱南扬教授写成文章之后，发表于 1961 年第 7、8 期合刊《戏剧报》，那一段时间，蒋星煜正在参加《辞海》修订工作，他马上意识到，《南词引证》的发现，可以说基本上已经明确了魏良辅并非昆腔创造者。兹录原文如下：

　　元朝有顾坚者，随离昆山二十里居千墩，精于南词，善作古赋。扩廓帖木儿闻其善歌，屡招不屈。与杨铁笛、顾仲瑛、倪云镇为友，自号风月散人。其著有《陶真野集》十卷、《风月散人乐府》八卷行于世。善发南曲之奥，故国初有昆山腔之称。

蒋星煜从这段文字中，发现很显然顾坚才是昆腔的创始人，而魏良辅则是对昆腔改革加以发展的人。但是钱南扬教授对顾坚其人却未加注，蒋星煜认为，这当然是一个必须补上的空白。在《辞海》副主编李俊民的鼓励、指导之下，在戏剧组负责人刘厚生的倾力支持下，蒋星煜连续写了《谈〈南词引证〉中的几个问题》（发表在上海《文汇报》1961 年 7 月 19 日）、《昆山腔发展史的再探索》（发表在《上海戏剧》1961 年第 12 期）等，以后又写了《关于魏良辅与〈骷髅格〉、〈浣花记〉的几个问题》，对此做了进一步的补充。

当时，蒋星煜查证了《昆山郡志》、《昆山阳新合志》，以及宋、元、明、清多种野史笔记，甚至查照了《磨尘鉴》传奇等，钱南扬认为《南词引证》提出昆山腔渊源于《九宫正史》提到的《骷髅格》。而蒋星煜查证的结果是，《九宫正史》比《南词引证》晚出来至少六十年，甚至九十年，因此，钱南扬的这一说法当然不能成立。

但是，蒋星煜没能从元明文人诗文集以及野史笔记中找到顾坚的任何资料，他把最后一个目标选定在了地方志。终于，功夫不负有心人，他在张溥序、清代顺治九年（1652 年）刻《重修顾氏大宗氏谱》残本中发现了顾坚，排名为第四十五世，而且名字底下注明"国子生"。就此，在《南词引正》校注本出版半年多以后，蒋星煜发表了《昆山腔发展的再探索》一文。

关于昆山腔肇始于元代，蒋星煜还对另外一个人物做了详尽考证，这就是曾经答朱元璋问话的周寿谊。1957 年，蒋星煜在明代人周元暐的《泾林续记》中发现了朱元璋与周寿谊关于昆山腔的一节谈话以后，曾经在《解放日报》写了一篇《探讨昆腔的历史》的文章，初步推定昆山腔已经拥有 550 的历史，同时，蒋星煜认为魏良辅做的工作是把原来流行的昆山腔进行了加工分析以及提高，而不是如一般人所言那样，"创造"了昆山腔。

蒋星煜引用《正德姑苏志》等多种资料，确定周寿谊生于 1264 年（即宋景定五年），一生经历了整个元代。1373 年（洪武六年），当时周寿谊 110 岁，知府魏观请他参加乡饮之礼，皇帝朱元璋认为这么一位长寿老人，是国家祥和的一个标志，然后就把周寿谊召至南京，以酒宴款待，并和他有了一次关于昆山腔的对话。也因此，蒋星煜认为，朱元璋询问他关于昆山腔的问题，才有了一些史料价值。设想一下，假如与朱元璋就此对话的是一般臣僚，也就五十多岁罢了，那么，他与朱元璋的对话就很难作为昆山腔始于元代的旁证了。但周寿谊显然不是，他与朱元璋的对

在家中宴请李殿魁、郑向恒教授，叶长海、陈多教授作陪（左起为陈多、郑向恒、蒋星煜、李殿魁、叶长海）

话发生在明洪武初年，而且，他出生于宋代，历经整个元朝，这就意味着昆山腔的肇始一定要比明代初年要久远一些。

蒋星煜在此的另外一个发现是，《八能奏锦》、《万壑清音》、《缠头百炼》、《尧天乐》、《大明春》等八部弋阳腔、青阳腔折子戏选集中选了《浣纱记》单出十三出之多。因此，蒋星煜认为朱彝尊《静志居诗话·梁辰鱼》说《浣纱记》不能"改调歌之"的说法当然就站不住脚了。这在昆曲声腔研究中，是很独有的一份见解。

# 第九章

# 戏曲史和《桃花扇》

　　我的戏曲史论文著作的写作出版，主要是在"文革"结束之后。那时候我离开了行政岗位，有了空余时间整理出版自己的文章、书稿。我一直觉得建国后十七年国家的政策是注重戏曲的教育功能，却忽视了挖掘、考证、整理工作。我想做一些补足工作，就是定下心打算在浩如烟海的文集、诗集、方志、家谱中去钩沉探索，向任二北、徐朔方两位先生学习。于是，我给自己选择了走这条路的重点，一个是《西厢记》，一个是辽代戏曲史论研究。

　　学术道路从来就不平坦，所以这些方面的学术成果是否被承认，我从未加以考虑。这个没有多大关系，有的人也是戏曲史的权威，但他们从未接触第一手的材料，因此他们承认不承认我的成果，又有什么意义呢。

　　很多年以后，也许会对现在的学术成果有比较客观的评价出来。当然，没有也无所谓。我不过是做了一点实际工作，觉得心里有些安慰，对关汉卿，对王实甫，有一些研究心得而已，这比中了任何大奖都开心。

　　我根本不要求大家承认，除了作协、剧协，我没有参加任何文艺团体。我是一个不折不扣的"白丁"，这倒有助于我潜心学问。

——蒋星煜

## 一、戏曲史钩沉见解独到

　　1960 年代，上海的《文汇报》和北京的《光明日报》版面都不算多，都仅仅为对开一大张。刚好在这个时期，蒋星煜考证魏良辅的《南词引证》和研究欧阳予倩对于戏曲声腔探索的文章发表，两家报社不约而同地在要闻版面专门做了刊载介绍。蒋星煜一直认为，这一点对他致力于中国戏曲史论的研究，起了莫大的鼓舞作用。

自此，蒋星煜对于中国戏曲史的钩沉、探索一发不可收拾。1979年，恰逢上海戏剧学院学报《戏剧艺术》（季刊）创刊，编辑部开始向蒋星煜约稿。蒋星煜此后保持了每年或者每两年在这里发表一篇戏曲研究论文的节奏。比如《〈唐人勾栏图〉在中国戏剧史上的意义》等有影响的文章，就是这个时期发表在这个杂志上的。到了1980年代，蒋星煜的戏曲史论文章频频推出，《中华文史论丛》、《社会科学战线》等刊物，集束式地发表了蒋星煜的一系列文章。随着蒋星煜在戏曲史论研究领域的学术影响日渐增大，《戏曲研究》、《中华戏曲》、《华东师大学报》、《上海师大学报》、《山西师大学报》、《河北师大学报》等学术刊物也频繁约请他撰写相关专业论文。

蒋星煜厚积薄发，笔耕不辍。从这些散见于以上刊物的戏曲史论文章中，可以粗略看出他对于中国戏曲史的一个基本看法。将搜集到的史料与实地考察得到的第一手材料比对，结合历史发展的观念与中国戏剧的具体呈现，他认为中国戏剧艺术

1990年两岸元曲研讨会（中间为蒋星煜）

西厢桃花别样红 ◆ 艺术传评

的发生可以上溯至春秋战国时代，但是直到元代前后，也就是 13 世纪、14 世纪前后，中国才产生了文本比较完整、表演艺术逐渐形成体系，并且使用南曲演唱的南戏和使用北曲演唱的杂剧，相关的史论也由此而生。蒋星煜从戏剧史论研究的角度梳理了这条脉络。他认为元代有周德清的《中原音韵》、钟嗣成的《录鬼簿》、夏庭芝的《青楼集》等，虽然都是承载着戏剧传承任务的初期的戏剧史论著作，但他们的优缺点都很明显，优点是史料性比较强，缺点是理论深度还不够，而且数量终究有限。随后，到了明、清两代，王骥德的《曲律》、潘之恒的《鸾啸小品》、李渔的《闲情偶寄》出现以后，这才具备了中国戏剧理论的内容与形式。但是，由于在传统观念中，戏剧始终没能和诗、词、文论等取得同样的被重视的地位，而是被列为不登大雅之堂的"小技"或者"小道"，因此一直缺乏科学的戏剧文论，缺乏系统科学的传承。中国戏剧的传承是潜在的、民间的，中国戏剧史论的发展起步是比较晚的。

还在学术积淀的过程中，蒋星煜看到了王国维、吴梅、任二北、郑振铎、钱南扬、赵景深诸位大师、专家在戏曲史论领域所做的诸多工作，正是他们的研究成果奠定了中国戏剧文化传承的史论基础。但是由于 20 世纪前半叶战争不断，学术研究的客观条件也比较欠缺，各个地区、各个单位所拥有的学术资源、学术信息不能充分交流，不能共享，也致使他们的传承留下许多空白。

一系列的积淀和开拓，就如同勤劳的农夫认准了一块可供耕耘的沃土，蒋星煜在中国戏曲史论研究的园地里无怨无悔地挥洒汗水，从而在这一领域取得了很高的成就。

"文革"结束之后，蒋星煜因为退休离开了行政岗位，有了整块的空余时间整理出版自己的文章、书稿。他的戏曲史研究成果在此时集中涌现，以《西厢记》为纲，前后延伸及至整个中国戏曲史的纵横论述，是迄今蒋星煜学术成果中最为丰硕的部分。这类侧重文献的著述，一般而言印数比较少，蒋星煜谦虚地认为出版社愿意接受此类书稿出版，与赵景深、罗竹风等先生的大力推荐分不开。

进入新世纪的 2002 年，在蒋星煜的戏剧史论著作出版中具有分水岭意义。此前一段时间，他的学术专著以及剧目研究论文集中发表，粗略统计后发现，在六十多年的学术生涯里，仅仅有关古典戏曲的论文，蒋星煜就写了三百多万字，其中有关《西厢记》的文章，分别编成《〈西厢记〉文献学的研究》（上海古籍出版社 1997 年初版，2007 年上海古籍出版社再版）和《〈西厢记〉研究与欣赏》（上海辞书出版社 2004 年初版，2009 年上海人民出版社再版）两本论著；有关《桃花扇》的文字，也已经编成《〈桃花扇〉研究与欣赏》（上海人民出版社 2007 年初版）论文合集一本；其余的主要论文，则编辑成《中国戏曲史钩沉》（上下两册），由上海人民出版社出版发行。

此外，在蒋星煜看来，建国后的十七年国家在戏曲研究和发展的要求方面，更强调戏曲在社会上的教育功能，而对挖掘、考证、整理埋藏在浩如烟海的文集、诗集、方志、家谱中的材料缺乏重视和鼓励。那一时期，在蒋星煜的视野里，整个戏曲研究领域，真正把戏曲史的研究当作学问来做的，也仿佛只有任二北、徐朔方两位了。

1984年初，中国戏剧家协会举办第一届戏剧理论著作评奖，章培恒的《洪昇年谱》、陆萼庭的《昆剧演出史稿》、蒋星煜的《明刊本〈西厢记〉研究》、徐扶明的《元代杂剧艺术》、叶长海的《王骥德〈曲律〉研究》等书获得提名。

这几部书都不同程度地得到过复旦大学赵景深教授的帮助和指点。作为中国古典戏曲研究的一代宗师，赵景深教授相识遍天下，但是后来似乎难得空暇，一直还没有得到大块时间在这方面进行深入系统的挖掘，更多的情形还是，别人来请教的时候，他做一些高屋建瓴式的零星指点。有鉴于此，他认为这几部书分别填补了中国戏曲史上早就应该填补的空白。

赵景深得知蒋星煜获奖的消息后，喜不自禁。蒋星煜虽然在复旦读的是会计专业，但因为喜欢古典戏曲，多次站在窗外旁听过赵景深的课。蒋星煜最早的一批《西厢记》研究成果，都是经由赵景深教授亲自审阅、修改和推荐发表的，这无疑在蒋星煜的《西厢记》研究中起到了重要作用。蒋星煜的《明刊〈西厢记〉研究》、《中国戏曲史钩沉》两本著作中的大部分文章，在发表前曾专门请赵景深审阅并修改过。两本书还都是赵景深做的序。赵景深教授对于蒋星煜《西厢记》研究的指点和帮助，一直持续到他辞世为止。

这次评奖，赵景深教授也作为戏剧理论权威获得荣誉奖，但因为身体原因，不能前往领奖，因此，他早早写了一封信，委托蒋星煜代为领奖：

第一届全国戏剧理论著作奖授奖大会领导小组和工作人员：

此次盛会本应赴京领奖，并与列位领奖同志会晤，亦渴望能参加，无奈因身体欠佳，只好托蒋星煜代领奖品，非常抱歉。

敬祝大会胜利成功！

赵景深

1984.11.30

蒋星煜的中国戏曲史论研究重点，主要是在《西厢记》考证研究以及辽代戏曲发展两大块上。与此同时，他还注意在诸多史料中因小见大，融会贯通，从纷繁庞杂的历史记述出发，从中寻找戏曲艺术记载的细枝末节，并对之进行挖掘考证，从而得出真实可信的论断。

　　蒋星煜选择的补正与论争的对象，大都是 20 世纪中国第一流的学者大家。比如王国维认为辽国戏曲是宋朝时候才传过去的，蒋星煜则根据史书和曾巩的《隆平集》，发现辽国戏剧早在后晋和南唐时候，就从中原传过去了。蒋星煜这一开创性的考证和研究，填补了戏曲史上的一块空白。同时，他对任二北、王季思等人戏剧史研究的不足之处，也做了补正。

　　20 世纪中国的戏曲研究在国际学术界处于一流地位，仅以研究成果和学术影响而言，王国维、吴梅、赵景深、蒋星煜四人，分别代表了戏曲研究四个阶段和四个主要特点：王国维的贡献，在于他参照西方学术理念，率先建立起戏曲学研究框架；吴梅则致力于曲律探求、创作和深层次理论研究的结合；赵景深的特点是把考证与辑佚结合起来，进而推动戏曲学研究的整体发展；至于蒋星煜，他的特点是将考证论说与审美研究相结合，具有鲜明的独特性。

　　蒋星煜所取得的成就，在某种意义上，可以说是跨世纪的成就。他丰硕的学术成果，是得到大家承认的。而且在学术研究上，蒋星煜孜孜不倦、锲而不舍的钻研精神，满腔的豪情壮志，以及老当益壮、永不停步的干劲儿，在很多年的时间里，对后辈学者有着巨大的鼓舞作用。

在蒋士铨逝世二百周年研讨会上蒋星煜与熊仁宇（左一）、张玉奇（右一）合影

## 二、辽代戏剧研究的苦与乐

1983 年，在《社会科学展现》第 2 期上，蒋星煜发表了《辽兴宗为后妃演戏而伴奏》。他在史料钩沉当中，通过研读明刊董氏万卷堂本曾巩《隆平集》卷十二《夷狄·耶律隆绪传》，发现了这条线索。他再参照《辽史》、《宋史》有关篇章以及邵伯温《闻见录》、王鼎《焚椒录》诸笔记，经过慎重筛选材料，写成了《辽兴宗为后妃演戏而伴奏》一文，厘清了辽代戏剧演出之规模与基本情况。

蒋星煜的这篇文章，得到了曲学大师任二北的充分肯定，并将其摘入他的著作《唐戏弄》，这足可体现出前辈大师的高超姿态与宽大胸怀。蒋星煜也因此得到了莫大的鼓舞，在辽代戏曲研究领域，有了更为强劲的探索动力。随后，他的确不负大师期许，经过多方采集资料，推理求证，写出了长文《辽代戏曲史钩沉》，该文发表于《戏曲论丛》1986 年第 1 期上，一经推出，即呈影响深远之态。

蒋星煜完成《辽代戏剧史钩沉》时，任二北尚健在人世，但是因为年事已高，视力、听力都有所衰退，所以未能有对此文的意见和建议留存，这一直是蒋星煜心里的一个巨大遗憾。

在发表于上世纪 80 年代的这篇《辽代戏曲史钩沉》中，蒋星煜从对王国维在《宋元戏曲史》中提出的"辽金之杂剧、院本，与唐宋之杂剧，结构全同。吾辈宁谓辽金之剧，皆自宋往，而宋之杂剧，不自辽金来，较可信也"的质疑写起，引据考证，逐步推出辽代戏曲发展的一干线索。王国维论点中有一个无法印证的史实，即辽国开国于耶律阿保机即位之丁卯年（907 年），而事实上辽国戏剧技艺活动从开国之初已经相当盛行，而北宋则是开国于宋太祖赵匡胤元年（960 年）。蒋星煜发现，如果按照王国维的论点进行分析，907 年至 960 年之间这 53 年的辽代戏剧史岂不是一大块空白么？这，应该不是符合史实的。

蒋星煜查证得知，赵宋建国于 960 年，是为建隆元年，而《辽史》卷五四《乐志》的《大乐》、《散乐》均载明，早在后晋天福三年（938）开始，后晋高祖石敬瑭就派遣曾任东都留守、判河南府事，后来又调任为左仆射的名臣刘昫率领一大批伶官到了辽国定居。根据《旧五代史》中《晋书》卷三《高祖纪》记载，天福三年（938 年），刘昫为派遣出使契丹的正使，副使为左散骑常侍韦勋，同时加派了给事中卢重为"契丹皇太后册礼使"。从史料中推测，刘昫很可能还不止一次出使辽国。由此出发，他进一步深究，果然查到刘昫与"长乐道"冯道一起出使辽国的记载。这与在《新五代史》中《晋书》卷八《高祖纪》中的记载略有不同。据《新五代史·晋书》之卷八《高祖纪》的记载，被派遣为契丹册礼使的正使为冯道、韦勋和卢重，只是说"遣刘昫以伶官来归"。蒋星煜据此以及其他佐证，推断刘昫当时不仅确实奉派使辽，而且在传播包括杂剧在内的散乐入辽的过程中起了决定性的作用。蒋星煜之所以对《辽史》记载"刘昫以伶官来归"深信不疑，是因为他相信可以找到更多的证据，证明此事不虚。比如后晋的前朝后唐，庄宗就是戏迷，而且，包括民间传说甚至野史中也有类似的说法，后唐还出现了敬心磨等有名的伶官。还有后晋的散乐也有着广泛的流行。就在刘昫出使辽国的第二年，也就是刘昫即将南回的那一年，礼官奏折言"正旦上寿，宫悬歌舞未全，且请杂用九部雅乐，歌教坊法曲"。可以就此看出，后唐皇帝石敬瑭采纳了这个建议。

后来，到了石敬瑭的儿子石重贵时候，他对散乐的兴趣更加浓烈，对散乐的重视程度与其父相较也有过之而无不及。蒋星煜查阅资料后得知，《旧五代史》卷八五《少帝纪》有详细记载，说石重贵"七年之后，于宫中间举细声女乐。及亲征以来，日于左右召浅番军校，奏三弦胡琴，和以羌笛，击节以鼓，更舞迭歌，以为娱乐"。同时，从地理位置上看，后晋与辽国接壤，双方时而发生战争，时而出现和好局面，双方各种性质和目的的使节往来更是不断，从这个角度看来，刘昫带领伶官到了辽国以后，散乐从后晋进一步向辽国传播，这也就成为一种不可避免的现象。

当然，后来后晋被辽国灭亡，一大批伶人在辽国统治下继续以戏曲为生，也是辽代戏曲发展的一个基础因素。蒋星煜在《辽兴宗为后妃演戏而伴奏》一文中，曾引用过宋代文豪曾巩《隆平集》卷二十《夷狄·耶律隆绪传》中一段记载：

> 宗真庙号兴宗，在位凡二十五年，尝与教坊使王税轻十数人皆为兄弟，出入其家，或拜其父母。尝夜宴，与刘四瑞兄弟及王刚等数十人入乐队，命后、妃易衣为女冠。后父萧磨只言："汉女官皆在此，后、妃入戏，非所宜也。"宗真击碎后父首曰："我尚为之，若女何人也？"

蒋星煜曾经以这一段话为证据，证明辽代已经具有戏剧演出，不过，他当时还认为这是目前仅有的一则记载，随后，经过挖掘，又发现李焘《续通鉴长编》中也有类似记载：

> 兴宗性佻脱，尝与教坊使王刷、尔谦等数十人约为兄弟，出入其家，至拜其父母。数变服如酒肆、佛寺、道观。王钢、姚景熙、冯立辈遇之于微行后，皆任显官。尤重浮屠，发僧有正拜三公三师兼正事令者，凡二十人。马保忠谏，怒，不从。自是欲有迁除，必先厚赐贵臣以绝其言，故亲

信者拉客珠等数十人皆拔处将相。尝夜宴，与刘四端兄弟王纲入乐队，命
后、妃易衣为女道士；后父萧穆济曰：汉官皆在，后、妃入戏，恐非所
宜。宗真殴穆济败面曰：我尚为之，汝女何人耶？

就此，蒋星煜关于辽代戏曲研究中的"后、妃入戏"一事，在上述两本书均有
据可查，就不是孤证了。

蒋星煜在辽代戏曲研究中还谈到了罗衣轻及其他伶官的遭遇。他从《辽史》卷
一〇九有《伶官传》中"辽之伶官当时固多，然能因诙谐示谏，以消未行之乱，惟
罗衣轻耳"的记载展开探讨。有关记载如下：

> 罗衣轻，不知其乡里。滑稽通变，一时谐戏虐，多所规讽。
> 兴宗败于李元昊也，单骑突出，几不得脱。先是，元昊获辽人，辄劓
> 其鼻，有奔北者，唯恐追及。故罗衣轻止之曰：且观鼻在否？上怒，以撬
> 索系帐后，将杀之。太子笑曰：打浑底不是黄幡绰！罗衣轻应声曰：行兵
> 底亦不是唐太宗！上闻而释之。

西夏李元昊与辽战时，用劓刑等刑罚对付辽战俘也是事实。作为伶人，罗衣轻
这句话，仅仅是为了讽刺辽兴宗的狼狈处境，所谓"消未行之乱"是谈不上的。辽
兴宗听了此话，也动了杀掉罗衣轻的念头。此时，太子嘲笑罗衣轻的插科打浑不是
时候，没有能够像唐玄宗时候的黄幡绰那样察言观色。此处如继续以唐玄宗比喻，
那就不仅谈不上幽默，甚至也不能化解辽兴宗的怒火，所以，罗衣轻说"行兵的也
不是唐太宗"，有意弄错黄幡绰的时代，以机智、胆识取得了幽默效果，避免了杀
身之祸。

辽代的外交活动与伶官活动，是蒋星煜在辽代戏曲研究中的一项重要内容。根
据《宋史》卷二九七《孔道辅传》记述，重熙初年，孔道辅出使辽国。辽国知道孔
道辅是孔子的后裔，就演出以孔子为题材的戏，以示对其的轻侮。此举遭到孔道辅
的谴责，辽国也表示了歉意。由此可见，那个时期，北宋与辽国经常打仗，但是两
国仍旧保持着外交关系，每逢重大的如元旦等节日，或者册封皇后、皇太后、皇帝
等日子，彼此还要互派使节来往。在类似于这样一些重要节日活动中，经常有优伶
会参加其中的演出。

> 潞公谓温公曰："吾留守北京，遣人入大辽侦事。回云：见辽王大宴
> 群臣，伶人杂戏。作衣冠者，见物必攫取怀之。有从其后以梃扑之者。

曰：司马端明耶！君实清明，在夷狄如此。"温公愧谢。

这是《闻见前录》卷十记载的一则文彦博与司马光的对话，戏剧史上经常引用，但是，蒋星煜发现，辽国使者来到北宋，则是经常为戏剧史所忽略。在辽兴宗重熙（1032—1055 年）后期的某一年，派西南面招讨都监耶律合里只为祝贺宋仁宗赵祯生辰出使北宋，被招待住在白驿沟。那正好是辽国败给西夏之后不久。

这次在北宋招待耶律合里只的宴会上，伶官也嘲弄了耶律合里只。《辽史》卷八六《耶律合里只传》如此记载：

> 优者嘲萧惠河西之败，合里只曰："胜负兵家常事，我嗣圣皇帝俘石重贵，至今兴中有石家寨。惠之一败何足较哉！"宋人惭伏。帝闻之曰："优伶失辞，何可伤两国交好！"鞭二百，免官。

蒋星煜先确定了这段话陈述的事实，然后发现这段话的后面两句未免语义含糊，究竟是赵祯处分了伶官，还是耶律宗真处分了耶律合里只？单从这段话其实是分辨不清楚的。蒋星煜随后查阅了毕沅的《续通鉴》，在这里，就陈述得相当明确了：

> 及设宴，优人嘲萧惠河西之败，哈里济答以俘石重贵事。辽主闻之，责其失两朝交好，鞭之二百，免其官。

就此可以肯定了，被鞭打二百且被罢免官职的，就是那次出使北宋的耶律合里只。然而，蒋星煜依然感慨于"优人嘲萧惠河西之败"的记载过于简单，这桩事情究竟是朝廷事先的布置，还是伶官此情此景的现场发挥，后来都无从得知。令蒋星煜更加感慨的是，在场人士当时还说了一些什么话，做了哪些动作，因为没有留下任何可以进一步追索的材料，居然一时无法考证了。

蒋星煜还考证了有关辽代戏曲的另外一桩公案。该公案发生于辽代乾统五年（1105 年）也就是北宋崇宁四年。当时的事件背景是北宋、辽、西夏三者之间，政治上、军事上存在着十分复杂的微妙关系。当时西夏与宋处于对垒状态，处境十分艰难，西夏王李乾顺请辽国出面，向北宋说项，试图请求和解。辽国接受西夏委托，派了德高望重的南院枢密使牛温舒和北院枢密使萧德里底到汴京交涉。可以参见《辽史》卷八六《牛温舒传》记载：

方大燕，优人为道士装，索土泥药炉。优曰："土少不能和。"温舒遽起，一手藉土怀之。宋主问其故，温舒对曰："臣奉天子威命来和，若不从，则当卷土收去。"宋人大惊，遂许夏和。

短短一段记载，蒋星煜从中至少考证出如下几点论断：其一，此处的"宋人大惊"以及前面的"宋人惭伏"，当然都是站在辽国的立场上，贬低宋而褒扬辽的意思，毕竟，《辽史》为辽人所作，站在这个立场上，采用如此写法，情有可原，可以理解。无论如何，这样的记载，为我们留下了宝贵的戏剧史料，这一点是十分珍贵的。其二，这段记载里，优人所说的"土少不能和"是一句双关语，既是指土少不能够和一个药炉的意思，也是说明西夏在领土上要做进一步的退让，北宋才可能考虑和议的建议。

牛温舒在这里听出了双关语义，正面严肃地拒绝了北宋的要求。鉴于当时三方关系中彼此都想利用另外两方，实际上北宋也担心辽与西夏联手合力进攻自己，所以，也就没有坚决再做领土要求，而答允了和解。

据此，蒋星煜更进一步推断，"土少不能和"仅仅作为一句双关语，整个剧目的名称仍旧无从得知。不过，演出的形式却也依然值得注意，演出既然是在宴会中间进行，优伶还向牛温舒索要土，以制作药炉，显然是没有用舞台进行演出的。蒋星煜推测是在宴会厅上，简单铺了一条毯子就进行表演了。

任二北曾经在《优语集》卷四中摘引了《牛温舒传》，并且加了按语指出："此等杂剧亦礼乐也，不令在座之人因乐致和，而妄图以口舌钳伏，反为所逞，说明宋之失败，在于无人。"但蒋星煜根据当时的政治、军事环境，认为"宋人大惊"才许和，事实上也未必就是如此。因为当时金国已经崛起，北宋和西夏都受到了威胁，在这种形势下，双方再为蝇头小利交兵，非常不明智。由此蒋星煜认为，历史评论，一定不能离开当时的历史背景。离开了当时的历史背景进行评论，就很难做到恰当中肯了。

### 三、独树一帜的《桃花扇》研究

1986年，中国作家协会在湖北召开历史小说研讨会，夜晚安排住宿赤壁，此为苏东坡词中"大江东去"的当年鏖战之地。蒋星煜与《新桃花扇》的作者谷斯范两人同住一个房间，住了一个星期。其间，谷斯范一直与蒋星煜畅谈的话题是侯方域与李香君，也就是《桃花扇》中的两位主人公。1989年，蒋星煜应河北师大之邀，与对《桃花扇》素有研究的刘知渐教授在承德避暑山庄逗留了一个星期，也没有来

在天津参加关汉卿剧作研讨会，蒋星煜与年轻剧作家余云（左一）、李婴宁（右一）合影

得及谈论《桃花扇》。

　　这样两件事，即使不是蒋星煜抽出时间专门研究《桃花扇》的直接原因，至少促使蒋星煜对《桃花扇》研究有了诸多遐想。

　　随后的1990年和1999年，蒋星煜两次访问曲阜师范大学，当时曲阜师大年轻的徐振贵教授热情接待了蒋星煜，为他提供了研究《桃花扇》的一些有利条件。在蒋星煜产生浓厚兴趣，特意安排时间，进行《桃花扇》研究之时，甚至还带有一丝懊丧意味，这就是他觉得多年以来，自己与许多对《桃花扇》编、导、演实践及研究颇有建树的大家多有接触，比如欧阳予倩，再比如王季思、董每戡、刘知渐等，但却没有谈论过《桃花扇》一句话。尤其是研究《桃花扇》的大家董每戡，1947年到1948年，蒋星煜在南京与他有过多次谈话，可每次见面，两人谈论的话题都是话剧，也没有涉及《桃花扇》。否则，相关的《桃花扇》研究，他至少有把握使之更充实一些。

　　蒋星煜的古典戏曲研究，一直以《西厢记》为主，著作已成洋洋大观之势，在海内外影响深远。而介入《桃花扇》的研究，基本上是出于他早年间对于文化学以及历史专业的扎实钻研功底，结合此后古典戏曲理论研究之后，属于一种有可为而为之的学术研究现象。

《桃花扇》研究，蒋星煜所涉及的主要是在有关作者孔尚任的创作思想研究与创作过程，以及相应的历史真实与艺术真实等问题。他逐一梳理出孔尚任三易其稿的创作脉络，还有孔尚任的罢官与《桃花扇》创作之间的密切关系等。

多年浸淫于古典戏曲史论史实的澄清、材料的考据论证，在大量的戏曲史论钩沉之后，蒋星煜察觉到一个发人深省的现象，在戏曲史研究领域，在商品经济大潮冲击和学位以及职称误导下，有一个非常不好的现象有所蔓延，一部分人号称戏曲史研究的权威，但是，非常遗憾的是，他们几乎从来不愿意大量接触戏曲研究的第一手材料，仅沉湎于材料的肤浅拼贴，人云亦云毫无有价值的学术见解。所以，在做学问上素来不计功名率性而为的蒋星煜，本能地厌恶这种不求甚解的所谓学术现象，他希望以自己的研究行动，在学术界弘扬一种"板凳须坐十年冷"的精神。

对这些现象的思考也给了蒋星煜另外一种学术启示。那就是仅仅文献式、典籍式地对于戏曲史宏观纵论，还不够完整。必须有对于剧目及名家名著的专题性系统论述，才能够有力地完成对于戏曲史论研究的学术支撑。

就是在这样的学术思考之下，蒋星煜与几位《桃花扇》大家相逢又擦肩而过，再"众里寻她千百度"之后，《桃花扇》走进他的视野。这是他在完成工程浩大的《西厢记》研究之后，颇下功夫的另外一块戏曲史钻研园地。在他的著作《〈桃花扇〉研究与欣赏》中，共收入二十多年来有关《桃花扇》研究的文章三十多篇，差不多也有二十多万字，内容十分丰富。

在大量的考证之后，蒋星煜提出自己的一个见解，即孔尚任在《桃花扇》中所表现出的创作思想，受到了孔子学说的深刻影响。他经过对《桃花扇》创作细节的一系列具体分析，认为孔子所谓"夷夏之大防"和"君臣之大义"思想，在孔尚任这位孔子第六十四代孙的戏曲作品《桃花扇》中再度得到奉行。明末清初顾炎武等学者的民族意识，"族兄方训公""翁舅秦光仪"所述南明遗事，与孔子"夷夏之大防"结合以后，成为孔尚任创作《桃花扇》的思想动力。孔尚任有机会在御前讲经，并且得到康熙皇帝的赏识，破格授予其国子监博士职位，这一点又契合了孔子的"君臣之大义"，成为他撰写《出山异数记》的根源。

蒋星煜在中国戏曲史研究中严谨、求实、细致、扎实的学术特点，在对孔尚任《桃花扇》的研究中又一次得到展现。他曾经写过一篇题目为《孔尚任、陈文述确认"桃花扇"为宫扇》（收入《〈桃花扇〉研究与欣赏》，上海人民出版社，2013 年 10 月）的文章，以条分缕析的态度，重点考证了《桃花扇》中最重要的道具"桃花扇"。

这篇典范的学术考证文章，重点考证了《桃花扇》中的"桃花扇"究竟是一把怎样的扇子？形状是圆的还是扁的？"桃花扇"与剧情、与人物、与思想艺术有什么关系？蒋星煜对"桃花扇"的考证，不仅运用了文史知识的推理经验，而且也使用了我们日常生活的部分经验。按照蒋星煜的理解，如果李香君使用的是一把折扇，那么，她不使用扇子的时候，自然会把扇子折叠起来，扇面也就不会展开，后来李香君一头撞在楼柱上的时候，鲜血也就不会飞溅到扇面之上，而如果这把扇子为宫扇，那就合情合理了。《桃花扇》中，李香君雪溅"桃花扇"，正是全剧落笔的着眼点和全剧矛盾冲突发展的高潮环节。这一情节的运用，说明"桃花扇"不仅仅是侯方域和李香君相爱的信物，更是女主人公民族气节和爱国思想的一个寄托，因而成为全剧主题思想的一种象征。

随着考据论证工作的推进，蒋星煜越发坚信，花这样大的篇幅来考证"桃花扇"，绝非什么"剑走偏锋"，更不是什么"小题大做"，因为，他认为，作为一个从事社科研究的专业学者，对于某些细节的考证必须是绝对详实的，尤其对于"桃花扇"这样一个起着贯穿全剧线索作用的中心道具。考证历史上侯方域和李香君交往时拿的是什么扇子，可以说是没有学术价值的；但如果要考证戏剧《桃花扇》中的"桃花扇"是一把怎样的扇子，就事关宏旨了。蒋星煜推而广之提出，作为研究古籍文献最基本的方法，考据考证是社会科学文史研究人员最为基础的做学问基本功。文史研究领域的许多重要成果，其实都是自详实的考据、论证而来。

在《桃花扇》研究过程中，蒋星煜曾经意味深长地说，他所想的仅仅是一二百年以后，也许会有人对现在的学术成果作出比较客观的评价，有了当然好，没有也无所谓。这是他对待学术人生的一个信条。如果可以对学术研究做一点实际工作，他会觉得心里有所安慰，这就是一种肯定与收获。他感慨地说，如果对孔尚任的研究可以像对于关汉卿、王实甫的研究一样，经过翔实的考据论证，有一些具体的研究心得，这就已经是人生的一大快事了，简直比中了任何大奖都更加开心。这番感慨已经超出了纯粹的学术钻研，展示了他学术视野的远大开阔和胸襟的宽广坦荡。

在《〈桃花扇〉研究与欣赏》中，蒋星煜对起自民国以来的一系列《桃花扇》研究著作，一一给予了评说。他最为推崇董每戡的《桃花扇论》。董每戡认为《桃花扇》是"一部表现一个民族的大悲剧，而且是出色的剧作"，蒋星煜对此大加赞赏。同时，蒋星煜对《孔尚任全集》编者徐振贵教授的评价比较高，他认为徐振贵搜集孔尚任著作最为齐全，是研究孔尚任及其《桃花扇》"成就最为显著的学者之一"。徐振贵主编的《孔尚任全集》，有助于研究孔尚任生平，有助于研究古代文人出世、入世以及因为文字而得祸福的历史现象。蒋星煜还充分肯定了梁启超、王季思两人的《桃花扇》注释，认为梁启超在为之注释的同时，也勾画出了他的历史剧理论的大体轮廓。这一点，是此前的《桃花扇》研究者们所未能察觉的。

在《〈桃花扇〉研究与欣赏》"创作过程与创作思想"和"历史真实"两个专辑中，蒋星煜着力论述了《桃花扇》三易其稿的过程和创作思想的变迁。他通过剖析以往无人深入探讨的《小引》、《小识》、《本末》、《凡例》、《考据》、《纲领》等，尤其是查证了《本末》中提到的刘雨峰其人，判定刘雨峰即是与孔尚任交谊最深的友人之一宝应诗人刘中柱，从而通过刘中柱与孔尚任交往活动，以及诗人观看《桃花扇》所做的诗作，读到了许多不为人所及的宝贵材料。在此基础上，蒋星煜对《桃花扇》三易其稿的过程做了生动阐述。

《桃花扇》的初稿，写成于孔尚任隐居石门山时，那个时间，虽然孔尚任的创作并不缺乏素材，但毕竟缺乏亲身感受，尤其是敏感的题材不能兼容于民族矛盾尖锐的文化政治环境，因此，初稿被带到京城以后，并没有得到什么热烈的反响，遭受的也只是冷遇。

《桃花扇》第二稿的修改和加工，是在孔尚任受命南下治理河道期间，他利用这一机会实地勘察，先后凭吊扬州、南京一带历史遗迹，访问了许多遗老和归隐之士，听到和核实了许多传说、逸闻，孔尚任这些对于《桃花扇》中的资料与史实的重新考证核对，加深了对作品题材和历史变迁的感受。经过这样一系列准备和积累，再稿的《桃花扇》，反响就大不一样了。蒋星煜分析道，一来由于孔尚任对于《桃花扇》的精加工，二来也由于康熙皇帝南下巡视治河工地的特地召见，提高了孔尚任的身价，《桃花扇》开始受到王公贵族们的追捧。

蒋星煜经过一系列的考据，认为孔尚任的《桃花扇》在二稿的许多唱词上，与孔尚任在扬州、兴化、南京时候所做的诗词在内容上和思想情感上，甚而就在遣词造句上也非常相似，其中大多蕴含了孔尚任内心深处对于兴亡的感慨，而且达到一种难以掩饰的境界。因此，孔尚任意识到应该有所收敛了，否则，保不住就有了文字牢狱之灾。这一点，大约也就是孔尚任修订《桃花扇》第三稿的出发点。

关于《桃花扇》第三稿的修订，《本末》里有如下记载：

> 乙卯秋夕，内侍索《桃花扇》本甚急，予之缮本莫知流传何所，乃于张平洲中丞家觅得一本，午夜进之直邸，遂入内府。

蒋星煜认为这个说法似乎并不可信，一则《桃花扇》版本广为流传，传抄本也不计其数，孔尚任手头不可能不留有底稿，更何况他当时还正在对稿本进行修改。于是，蒋星煜大胆推测，或许从"秋夕"至"午夜"内侍索本的两个时辰里，孔尚任出于安全考虑，是否在仓皇之间删改了一些太尖锐的文字呢。于是，这个随后呈上御览的本子，就成为所谓的业已传世的《桃花扇》第三稿。

这个大胆判断的最主要佐证，便是刘中柱《又来馆诗集》卷四《观〈桃花扇〉传奇歌》。因为，刘中柱在诗歌中所记叙的《桃花扇》剧情，很多地方都不同于现在流传的版本描写。比如关于重要的史可法殉国一场，刘中柱诗歌中说"英雄血洒杨柳堤"，很明确是说史可法战死于扬州守城保卫战中，这也是符合历史史实的。但这一叙述却不同于现在流传本中《沉江》一场。于是，蒋星煜推断刘中柱所看到的，很可能是《桃花扇》演出的第二稿。从这里，也不难看出蒋星煜研究工作中"察微知著的能力和活跃缜密的思维"，这的确令人不禁称奇。

蒋星煜的这部分论述，是《桃花扇》研究文章中最为独特和最具有见解的，得到了学界的普遍公认。许多研究者感喟，大概也只有蒋星煜这样打通文史哲的研究者，才可以举重若轻地在《桃花扇》研究领域达到如此精妙的境地。

与杨村彬、王元美、王丹凤、戚雅仙、傅全香等合影（前排右三为蒋星煜）

# 第十章

# 茶香氤氲润人生

我生平不爱烟酒，也不懂烟酒，对茶叶却爱之深厚。我对茶叶的嗜好，从童年时代就已经养成。茶树非常洁身自好，很不愿意受到某些不良的植物的污染。我要说茶树会散发香气，也许是近乎夸张了，但我却一直觉得，茶园中的香气既不是清润，也不是清爽，而是一种远离尘嚣才有的清幽。我感念于茶叶对我的滋养，尤其是家乡溧阳的茶香，对我的人生有着深远的影响。

——蒋星煜

## 一、茶乡走出的少年

蒋星煜出生在江苏溧阳，溧阳世代有着饮茶的风气。童年时期，蒋星煜就由外祖父孙汾卿带着出入溧阳县城茶馆，尤其是那家"大公和"茶馆，在那里最早接触了社会上三教九流的人物。

据蒋星煜在《童年茶趣》（收入《山水对人性的折射》，上海人民出版社，2012年3月版）中的记载，"大公和"茶馆是溧阳全城最大的茶馆，建筑布局分为前后两进，前面一进非常宽敞而且比较深，面积足够摆上十几张大方桌的，在前面喝茶的茶客大多数是溧阳周边四乡八镇的农民，喝茶时间一般在上午，也就是说这里一个上午都是吵吵闹闹的。尤其是夏天的时候，一派热汗蒸腾，光膀子打赤膊的不在少数。茶馆再进去有一个长方形的天井，经过这个天井，就到了后进。蒋星煜外祖父带着他喝茶的地方，一般就在这里。长期来这里喝茶，蒋星煜观察到，在前面喝茶的农民，从来不越"雷池"一步，也就是说，前面喝茶吵闹的农民，永远不会主动来打扰这里的清静。

茶馆后进完全没有前面茶客的吵闹。来这里喝茶的茶客，有溧阳中学的校长，有县城里的中医、西医权威，还有溧阳有名的书法家、画家等等，反正都算是当地

蒋星煜（右二）在故乡溧阳与地方党政领导合影

有头有脸的人物。当然，还有另外一类人，自己没有什么特殊的经历或者过人之处，但是家里出了一个有出息的儿子，比如儿子考上了北京大学呀、清华大学呀，父以子贵，这人也就有了来这里心安理得喝茶的理由。

外祖父颇有些古典文化素养，在家里与外祖母，与家里其他子女缺少共同感兴趣的话题，谈话机会也极少。外祖父在与蒋星煜谈话中，发现蒋星煜对古典文学的轶事和历史掌故兴趣浓厚，于是喜欢带着蒋星煜出入茶馆。在那个场所，外祖父可以有大块的时间给蒋星煜讲这些故事。蒋星煜慢慢也就习惯了茶馆的一切。他感觉到了茶馆里，就有了那儿别样的一种气氛。蒋星煜是常年来这个茶馆唯一的孩童，有时候会遇到某些好奇的茶客问他一些简单的问题，年幼的蒋星煜就学会看着外祖父的脸色行事。他知道一些人的问题可以回答，或者需要怎样回答，另外一些问题就完全不必回答了。

茶馆供应的茶品比较单一，基本上是以产自浙江的西湖龙井为主，还有一种是只有少数人才喝的祁门红茶。但这都属于茶馆里最高档的茶品，本地产的茶叶倒是很一般了。每年到了夏天，这里也供应清凉降火的菊花茶呀等等。一年四季，最有感觉的是春天，茶客们在这里品尝新茶，刚上市新茶的清香，飘溢在整个厅堂，仅仅闻着这股子新茶悠悠的清香，蒋星煜也觉得是一种很舒适的享受。而且，据说这家茶馆用的水也不一样，是脚夫从城外山泉一担一担挑回来的。

茶馆里堂倌冲茶的姿势和技巧，看上去十分熟练而又显得优美，蒋星煜觉得简直就是一种舞蹈。每次去茶馆，他还会看到一个中年男人在小天井里用大砍刀劈松树树干，做烧水的柴火，那中年人手臂上发达的肌肉，也令他羡慕不已。

茶客们在这里谈天说地，虽然真正谈论诗文书画的机会并不多，但是偶尔旧货店老板得到一件自认为值钱的文物，也会赶紧用包袱包好了，带到这里请求诸位茶客帮忙鉴定，甚至找寻买主出手。往往这个时候，茶馆这里就又变成文物研讨会现场了。蒋星煜在这样的茶馆氛围里学到了许多书本之外的知识。

作为一个茶乡少年，蒋星煜在溧阳茶馆，一边品尝了龙井、祁门红茶，观察不同的人生，同时积累起了许多茶叶的知识。后来，蒋星煜父亲每次从哈尔滨回溧阳，也会带一些产自北国的茶叶回家，蒋星煜又因此认识了享誉北方的多种茶品。1936年，蒋星煜到了上海，在亲友家里又品尝了一种绿茶。这茶叶他此前从未接触过，其色、香、味非同一般，居然和此前喝过的龙井截然不同。蒋星煜一直认为雨前、明前采撷的茶叶，是嫩芽、嫩叶刚刚生发而成的，形状一般就应该是针状或者尖端状，银针、毛尖就是这样名如其形的茶叶。而那种茶叶的形状却很特别，不是通常所见的针状，也没有什么尖端，像是中草药的冬桑叶，叶片比较偏大，但色泽又比冬桑叶更绿、更翠，更像是中草药里的西瓜翠衣。更奇妙的是冲泡之后，茶杯中的茶叶因为水的冲激，还会再一次进行分裂，由此也可见这种茶叶的质地是多么的细脆。亲友见到蒋星煜一脸疑惑，就告诉他，这种茶叶，就叫六安瓜片，生长于鄂、豫、皖三省交界的大别山里。

从此，蒋星煜牢牢记住了六安瓜片，对其充满了探究的欲望。

## 二、对六安瓜片的查证

许多年里，蒋星煜一直记挂着色泽翠绿、香气淡泊、口味醇爽的六安瓜片，为此，他还查阅了不少与茶相关的文献资料，想看看有没有关于六安瓜片的记载。

在陆羽（733—804年）的《茶经》里，他看到了如下的记载："淮南，以瓜州上，义阳郡、舒州次，寿州下，蕲州、黄州又下。""寿州下"原有注："生盛唐县霍山者，与衡州同。"当时的盛唐县，即为今天的六安。这应当就是六安出产茶叶的较早记载了。不过，仅仅就这份记载看来，此茶的排名还不算靠前，而且也还没有直接出现所谓"瓜片"的称谓。

明代的李时珍（1549—1604年）从医学家的视角所著的一部《茶》，在谈到茶叶产地时，把"寿州霍山"与"庐州之六安"并列。由此可见，当时除了霍山的黄芽之外，六安县境内还有比较知名的茶叶在生产。稍微晚于李时珍的许次纾（1549—1604 年）在《茶疏》中对六安茶也有一些记载。他说："天下名山，必产名草。江南地暖，故独宜茶。大江以北，则称六安，然六安乃其郡名，其实产霍山县之大蜀山也。"后来，青浦知县屠隆（1542—1603 年）对于衣、食、住、行都很考究，是一位品茶行家。他在所著《考槃余事》中说："六安品亦精，入药最效，但不善炒，不能发香而味苦，茶之本性实佳。"讲到了六安茶叶的加工存在问题，对此茶的性味也写得较为具体。李时珍、许次纾、屠隆三位知名人物在著作中虽然都对六安瓜片非常推崇，但是，这三种书对于这种比较知名的茶叶的形状都没有具体而微的描述，始终没有直接出现"六安瓜片"的名称。蒋星煜还是无法确认书中记载的茶叶是否就是六安瓜片。

学者的本性使然吧，做学问坚韧的态度也表现在这里，出于对茶叶文化的浓厚兴趣，蒋星煜一直没有放弃对六安瓜片名称的求索。他甚至在小说《红楼梦》中查证了六安瓜片的描写，《红楼梦》中，写到妙玉在栊翠庵中珍藏着六安瓜、老君眉等名贵茶叶，等到贾母到来时，妙玉知道贾母"不吃六安茶"，而特意沏了老君眉招待贾母。六安茶出现在作为文学典范之作的《红楼梦》中，然而它的真实称谓依旧没有明确。

2002 年 5 月，安徽芜湖举办中国国际茶博会，来自六安的代表团在现场散发新闻材料，较真的蒋星煜从材料中看到了这样的记载："1856 年，慈禧生同治皇帝，由'懿嫔'晋升为'懿妃'之后，方可月享十四两'六安瓜片'茶，可见当时'六安瓜片'已是名震朝野了。"循着这条线索，蒋星煜多方查证，还是没有见到当时的原始材料，蒋星煜一来为之感到遗憾，二来也在猜想，如果真如新闻材料中所言，1856 年确实有了"六安瓜片"的字样，那么，"六安瓜片"这一名称起码有了一百六七十年的历史了。不过，蒋星煜以他一贯的科学求证态度认为，茶博会上六安代表团所散发的材料，还需得到相关专家学者进一步的确认。而这个名称出现的时间更应深究，最早是在什么时候出现的。至此，蒋星煜还是认为"六安瓜片"名称的确定，仍然还是一个谜团。他探索的兴致可谓日益浓郁了。接下来，他对于"六安瓜片"的求证过程，同样充溢着他在中国戏曲史论中潜心钩沉的那一股认真、细致的求索精神。

"六安瓜片"的名称到底确定于何时，如何确定？蒋星煜首先认为，这个问题还是比较复杂的。通过广泛查证，他得知了在明代就已经出现了六安瓜片之名，这个情形并不奇怪，因为茶叶刚刚萌芽时，一般在雨前、明前采摘，叶片还很狭小，所以一般容易以尖、毫、针等命名，也有叫做"雀舌"等的，稍微等些时日，这些尖、毫、针就生长成大的"片"了。比如曾经有较长的一个时期，花茶被称为香片。还有就是贵州湄潭县所产湄江茶，它的制作工艺程序、成品茶的色泽形状等，都近似于浙江杭州的龙井茶，名称就取为"湄江翠片"。

蒋星煜进一步指出，严格说来，茶叶即使称之为"片"，也只是一种狭长形的微型的片而已。而茶叶中的"香片"，则特指带有香味的"片"，却一直都没有在形状上再进一步强调"片"的阔而且大，但是用"瓜片"一词就完全不同了。他用形象的例证比较说，以"瓜"论茶，即使丝瓜、黄瓜、苦瓜之类就相当大，就更不用说冬瓜、西瓜等等了。而这其中的片，当然就不太可能是狭长形的尖、毫、针等形状了。

定义了"瓜片"的范畴，但六安瓜片得名之谜还是没有解开。有人曾经巧妙地解释说"瓜片"是"瓜子片"的简称。但蒋星煜依然认为，这也不过是一家之言，仍旧是值得推敲的。他回想起1936年在上海亲友家品尝的六安瓜片，那一回喝的茶叶也不是什么瓜子片状的，而恰好是类似中药"西瓜翠衣"那样大片而翠绿色的茶叶。

1936年的经历属于蒋星煜的个人体验，他客观地认为这也不过属于孤证而已，可他在梁实秋记述上世纪40年代生活的文章《喝茶》中，找到情况与经历颇为相似的记载：

> 有朋自六安来，贻我瓜片少许，叶大而绿，饮之有荒野的气息扑鼻。
> 其中西瓜茶一种，真有西瓜的风味。

这又一次使蒋星煜沉醉在旧梦中了。他想，梁实秋虽是名人，但恐怕仍旧难以证明"瓜片"是从"瓜子片"简化而来的这一事实。

为了解开"瓜片"得名之谜，蒋星煜决定将追溯的年代再往前推。他首先思考中国古代是否出现过大片状的茶叶。在唐代大诗人李白的《答族侄僧中孚赠玉泉仙人掌茶》中，蒋星煜找到了与陆羽《茶经》大致相同的记载：

> 余游金陵，见宗僧中孚示余茶数十片，拳然重叠，其状如手，号为"仙人掌茶"，盖新出乎玉泉之山，旷古未现。因持之见遗，兼赠诗，要余答之，遂有此作。

在序文中还记载着，玉泉山一带洞穴极多，泉水清澈，而且有成群白蝙蝠在此栖息。这是大片叶的仙人掌茶产生的地理环境。玉泉山在湖北荆州，所产的仙人掌茶唐宋时期曾经有人记载，后来也消失了。但蒋星煜也由此初步认为六安一带曾出现过大片形状的瓜片应是事实。

随后，蒋星煜又在今人吕玟、詹皓所编著的《茶叶地图》一书中，找到了关于六安瓜片的记载，其中有几句话使蒋星煜豁然开朗：

> 有年春天，一群妇女结伴上齐头山采茶，其中一人在蝙蝠洞附近发现一株大茶树，枝叶茂密，新芽肥壮，她动手就采，神奇的是芽边采边发，越采越多，直到天黑还是新芽满树。次日，她又攀藤而至，但茶树已然不见，于是"神茶"湄潭就传开了。

书中记载的是传说，是经过民间多次加工的，有了很多感性成分。但蒋星煜还是认为，其中"茶树已然不见"之说，隐约地折射了大叶片的"六安瓜片"一度出现后又无影无踪的历史沧桑。

综合种种历史文献以及他的亲身所见，蒋星煜认为，六安茶最早应该就是现在所见的六安瓜片，即是万山丛中生着的瓜子片形状的茶叶。深山幽谷中，偶尔有一两片茶树叶子特别宽阔，色泽特别翠绿，口感和香味又近似喝西瓜汁，于是久而久之就被称为"瓜片"了。日长岁久，"瓜片"就成了六安茶的统称，而这种大片叶茶树本来就极少，在岁月的长河中，在生活不太安静的年代，由于大旱、大涝等自然灾害，以及战争啊、疾病啊等各种原因，枯槁或者被砍伐而消失的情形也是在所难免的。可是，"六安瓜片"的称谓，硬是在民间的口口相传中流传了下来。

在大致勾勒了六安瓜片的前世今生以后，蒋星煜声明，这个结论还只是他根据一些史料文献进行的推测，最后的谜底，作为一个学术问题，值得组织力量进行深入研究。

## 三、苦茶和沱茶

1940年冬季，蒋星煜和一群人打算经香港乘机帆船在沙鱼涌偷渡，再沿东江上溯，到龙川再折向西，中转柳州后再奔赴抗战大后方重庆。但一路上，担心日本人飞机轰炸，也担心土匪散兵游勇等肆意抢掠，计划好的行程就完全乱了套。偶然可以坐车，交通却也并不可靠，时间、票价都没有明确的规定，有时候，车子一抛锚就是好几天。他们严守着"未晚先投宿，鸡鸣早看天"的乱世出行规则，可是，每每到达预定的地点时，往往那里一二十家客栈早已经客满了。因此，只得在店堂门口或者人家走廊里坐着过夜。伴随着饥饿甚至寒冷的漫漫长夜，泡上一杯放了许多茶叶的浓茶，就是最自然不过的选择。这种浓茶就被大家俗称为苦茶，味道虽然又浓又苦，但此刻不仅是最佳的饮品，而且也是一剂最佳的兴奋剂，可以防止坐在那里沉睡而去，身体蓦然跌落倒地。

饮茶是蒋星煜相伴一生的习惯，他也视茶为自己的良师益友，任何时候都没有遗忘。而对于苦茶的一种嗜好，也大约是从此刻开始的。他说过。喝苦茶倒的确不是模仿古人的风流倜傥，而是有着别样的苦衷。

国难的苦衷就是此刻最大的苦衷，国难颠沛流离中的中国文人，心境有着难以言说的悲凉。

有时候运气好，路途上会遇到比较大的客栈，堂口一般也比较大。天气寒冷的时候，堂口中间放一个大的炭火盆，一般也会在火盆上支起一个铁架子烧水。火盆的四周安放着一些椅子或者躺椅，方便那些没有床位的旅客休息或者打个盹。尽管没有提供床铺，坐在堂口里客栈一般多少要收一些钱，逃难中的旅客也都乐意出这个钱，这总比在寒风的露天里过夜要舒服许多。

此刻饮茶首选苦茶，苦茶要比一般别的茶浓烈。力道不足的茶水，肯定是驱不走睡魔的。这个时候茶的品种可以不计较，但是一定要浓，最好就是浓得发苦，越苦越好。多喝几杯，就可以保证这些天涯游子们精神饱满地熬夜。漫漫长夜，大家伙聚在火盆边高谈阔论，而且越谈越起劲。

身处乱世流离漂泊的旅客们，此刻也特别慷慨大方，有茶叶的人都会二话不说地拿出来，每个人的茶具也是奇形怪状、笑话百出的。有的人用的还是大号的搪瓷杯，非常之大，因为这个搪瓷茶杯还要兼做洗脸的脸盆，所以不能太小。

快到半夜的时候，客栈的老板或者老板娘就睡觉去了，加炭、烧水，以及倒水斟茶等各项杂务，就全部由旅客们自己承担下来了。这个时候，出门在外的旅客们，仿佛成了旅店的主人，这也让他们很有一些苦中作乐的满足感。

当时出门在外，没有报纸广播，大伙喝着苦茶，交流信息，谈论第二天往前面走的这一段路是否安全，最近这一带跑交通的是私营的车子方便，还是中国运输公司的车子安全，谁的信誉更好，甚至去哪一家小店吃饭比较经济实惠，然后再结合各自的情况做出适合自己的选择。

夜里的苦茶聚会上，除了以上这些共同关心的话题之外，各种行当的人也有各自的话题，跑单帮的就谈贩什么货最能够赚钱，有些人谈起什么地方有土娼可以嫖宿就眉飞色舞。偶尔有文化界的旅客也会谈唐诗宋词等等，但曲高和寡，不成主流，只能是以小组会议的形式。

通宵苦茶聚会还有一个好处，就好比是一个特别的社会沙龙，拉近了旅客们彼此之间的距离。谈着谈着，大伙共同语言就多了。蒋星煜就在一次广东苦茶聚会上，结识了厦门大学的杨农荪、姚开元两位教授，他们知道了蒋星煜所带的盘缠不足，还主动借给他一笔钱款，后来，蒋星煜到了重庆以后才汇去还给了他们。

乱世苦茶会，给蒋星煜留下了难以磨灭的印象。

历经艰辛到达重庆之后，蒋星煜经堂哥蒋星德介绍，工作不仅有了着落而且逐步稳定下来。平时他住在重庆南温泉，每逢星期日，他喜欢去渔溪洞那边的小镇喝早茶，有着小时候随外祖父泡茶馆的经历，更有着对于饮茶的喜好。他总是抹黑起床，在重庆特有的迷雾中摸索上路。大约一个多时辰以后，就到了渔溪洞。

巴蜀自古盛行饮茶风，重庆小镇渔溪洞的茶馆不止一家，有一些茶馆甚至连招牌都没有，但是每一家茶馆都是人满为患，坐满了茶客。蒋星煜在家乡溧阳喝茶，以龙井茶为主，抗战时转辗内地的路上，喝的是产自沿途各地的土茶，抗战前在上海喝过六安瓜片，到了重庆，这一切茶都没有条件喝了，能喝的，就只有当地的沱茶了。抗战八年，蒋星煜在重庆生活了六年，他自此与沱茶结缘。

渔溪洞茶馆里座无虚席，好在蒋星煜是一个人前去喝茶，和人家好好商量一下，就有了一席之地。渔溪洞茶馆的茶客，大部分都是附近的农民、渔民，其中很多人是带着一点准备出售的土特产来的，或者山货或者水产，先卖了东西喝茶，或者先喝了茶再卖东西。

渔溪洞这里的茶馆喝的茶叶，便是清一色的四川沱茶。沱茶与一般茶叶形状不同，样子很独特，加工成块的外形呈碗状，虽然清香不及龙井、碧螺春等，但是非常耐泡，往往泡了七八道之后，茶水味道仍然很浓，颜色也很浓，更重要的是沱茶出产在当地，价格低廉非常亲民，深受当地农民、渔民茶客的喜爱。

重庆本地人称重庆之外长江下游的人为下江人，在以本地渔民、农民为主体茶客的渔溪洞茶馆里，蒋星煜很可能就是茶桌上唯一的下江人，甚至就是整个茶馆里唯一的下江人。蒋星煜珍惜这种机会，喜欢这种感觉。这个时候，他往往兴致盎然地听着他们之间的交谈。重庆人天性诙谐，他们之间特别幽默和风趣的语言，不仅机智而且含蓄，在蒋星煜眼里，其语言表达水平，几乎不亚于那些四川籍的作家或者教授，或者说，这些茶客与那些作家、教授的风趣幽默各有特色吧。

1944年，蒋星煜从南温泉移居北温泉，生活更为闲散，春秋两季，只要不下雨，他总是要走上十多里的山路，上澄江口去喝茶。虽然沿途是山路，却是沿着嘉陵江曲折蜿蜒地延伸的，所以，风光挺不错，不时可以透过树木浓荫看到江上的帆船，听到悲凉不无雄壮的川江号子纤夫曲，一路上并不寂寞。

当时的澄江口，是四川军阀蓝文彬经营的一个大煤矿的所在地，当时就已经商店林立，呈现出一派繁忙的景象。嘉陵江到了澄江口是一个几乎九十度的急转弯，江水因转弯迅猛而汹涌澎湃，就像万匹骏马同时跳跃一个又一个的高栏，临高下望，巨浪翻滚，水花飞溅，直扑峭壁，顺流而下的船只快如离弦之箭，惊心动魄到了极点。蒋星煜的目的地是澄江口最大的茶馆，茶馆露天经营，开设在直角急转弯的悬崖之上，取名"韵流"。韵流茶馆满员时可以摆上二三十张桌子。下午时分，整个韵流茶馆沐浴在阳光之下，一直要等到太阳的余晖收尽，满座的茶客们才依依不舍地散去。

韵流茶馆的附近，有不少内迁的单位，韵流的茶客就不同于渔溪洞那儿的茶馆了，当地的农民、渔民不再是茶客的主体，有一批画家、戏剧家、作家也经常光顾这里。茶馆旁边有时候也会供应一些书报，蒋星煜第一次看到后来与他命运休戚相关的《武训》连环画报，就是在韵流茶馆。

重庆茶馆里，每天都有新鲜的事情发生。有一天，蒋星煜坐到茶馆，茶刚喝了一开，两个猎户模样的人吆喝着抬进一只血渍未干、金钱图案斑斓的美丽的豹子，猎户说是午夜刚刚捕捉到的，一连开了三四枪才将它打死。这事很让蒋星煜吃惊，可当时茶馆里几乎没有多少人过来围观，有茶客抬进来各种猎物，这事情在这里太过平常了。当然，猎物的品种除了豹子，也可能是山猫和豺狗，或者是猪獾等等。蒋星煜却对这些事情充满了兴趣，他仿佛看到了真实的《水浒传》所描写的世界。

这些来茶馆喝茶的渔民、农民眼见蒋星煜一副穷学生模样，也就不跟他见外了，尤其是他们听到蒋星煜对于沱茶的高度评价，更是拉近了彼此心灵的距离。蒋星煜说："沱茶硬是要得。"这些渔溪洞的茶客们会说："你这个下江娃子硬是要得。"

沉浸在沱茶的氛围中，青年学者蒋星煜对于沱茶历史渊源产生了深厚的兴趣。开始他认为，沱茶产自四川，理所当然也起源于四川。他注意到别的省市极少出现类似牛角沱、唐家沱等一类的地名，重庆人也喜欢把濒临嘉陵江、长江岸边的市集叫做"沱"。久而久之，蒋星煜也听到了另外一种说法，就是说"沱茶"是由"坨茶"演变而来。内地生产的井盐、岩盐，往往都是块状物，也被称为"坨"，因此，被紧压成块的茶叶也被称作"坨茶"。还有一种观点，就是认为云南生产的紧压茶"销往四川沱江一带"，又被四川人"用沱江水冲泡"，进而逐渐演变成现在的沱茶。

蒋星煜认为这种逻辑推理过于牵强，不太可信。于是，他试图从唐、宋古籍中寻觅关于"沱茶"的只言片语，却几乎没有什么收获。不过，从中他也有一些意外的发现，比如他发现南宋大诗人陆游对茶的兴趣非常浓厚。陆游六十岁前后在四川逗留多年，在他的诗文中，就有"蛮溪、大沱，皆蜀砚之美名也"之语句。就此，蒋星煜认为不仅可以证明沱江在四川，"沱"字的用法也是比较广泛的。此外，陆游还有诗句"屈沱醉归诗满纸"，屈沱，应当指屈原的故乡，该地方虽然是在湖北，但是距离四川毕竟比距离云南要近得多。

于是，蒋星煜通过考察残存的地理遗迹，来求索沱茶历史渊源。四川、云南遍

143

布崇山峻岭，货物的运输，尤其是四川通往西藏的交通路线，地形十分险要。同时，云南西双版纳的茶叶要运往西藏或者国外的缅甸，路途十分艰苦。四川和云南的茶叶要运去边疆，只能靠马队长途跋涉，至今还能找到遗迹的茶马古道就是明证。蒋星煜推测，充满了智慧的古人发现散装的茶叶体积很大，又不能多装，运输起来极其不方便，于是就想到了在加工过程予以紧压的办法。四川、云南两地所加工紧压茶叶，方法可能并不相同，后来互相取长补短也就是必然的了。

蒋星煜分析了残存于四川的康定、雅安等地多处的茶马古道遗迹，结合在云南丽江确实也存在过古代茶马市的记载，索性认为"沱茶"的来源，可能与茶马古道有关。马驮在背上的茶，称之为"驮茶"，就比较顺理成章了。

## 四、古道长亭茶乡缘

实际上在1941年，年方二十一岁的蒋星煜离开家乡溧阳独自在重庆谋生。溧阳产茶，最有名的是白茶。蒋星煜算是一位茶乡少年。来到重庆后，他结识一批名家大师如孙伏园、茅盾、老舍、张恨水、胡适等人。与这些文化名人的交往，也无不有着浓浓的茶香。这些人对他帮助有加，他一直视他们为师。他的学术生涯里，还有一批人，他则更多的视其为友。比如1941年，为《中美日报》的"集纳"副刊撰稿，他是主要作者之一。同一时期，"集纳"主要撰稿人中，除了一位钱今昔，还有就是蒋星煜和王西彦。蒋星煜就此和王西彦通过文字神交相识。蒋星煜当时身在重庆，而王西彦在福建。福建亦产茶，有名的是铁观音，蒋星煜与王西彦的神交，在文字之外，也许还有对茶的喜好。在日本全面侵华的背景下，同为热血青年的他们并未谋面，却共同冒着敌机狂轰滥炸的危险，以笔为枪，用文字为祖国抗战呐喊。王西彦随后移居杭州，又是著名的龙井产地，在通信中没有少邀请蒋星煜赴杭州茶话。

1949年之后，蒋星煜回到上海，王西彦也从杭州到了上海。蒋星煜此时的主要工作是戏曲改革，两人虽然同城而居，见面的机会也并不多，把茗叙旧的愿望也未能实现。时间到了1962年7月间，王西彦写了一篇散文《湖上吟》，发表在同年《上海文学》10月号上。也是在这个7月，蒋星煜应《解放日报》邀约所写的历史小说《秦王李世民》发表在《解放日报》"朝花"副刊。两人再一次以文会友。但是好景并不长，"文革"开始后，蒋星煜的历史小说《秦王李世民》和王西彦的散文《湖上吟》，连同瞿白音、丰子恺的作品，一起被当做"反党反社会主义的大毒草"，被一而再、再而三地批判，厄运反倒使蒋星煜在往后更加关注王西彦了。

1979年6月17日，上海文学艺术界召开全面平反大会，蒋星煜和王西彦的作品一并被平反昭雪，恢复了名誉。平反消息发在新华社新闻和《人民日报》上，两人随即全力投入到创作活动当中，那一阶段，广州的《随笔》杂志仿佛取代当年《中美日报》的"集纳"副刊，成了他们相互关注对方写作动态的平台。

蒋星煜少小离家，朋友在他的成长道路上有着不可估量的作用。作为一名志在学术的读书人，蒋星煜一生未脱书生的童真与稚气，所谓君子之交淡如水，在他和王西彦的交往中，体现得尤其生动。

1985 年 1 月，在北京召开的中国作协第四次代表大会上，蒋星煜和王西彦都是上海代表团的成员，一起住在京西宾馆。两人朝夕相处，每日品茗，聊天说地，也是圆了多年的心愿。他们聊天中有一个话题，既不是创作问题文艺问题，也不是"文革"中遭遇的苦难经历，而是跳交谊舞。原来，他们两位都有一个爱好，跳交谊舞。那次，因为蒋星煜在戏剧界活动较多，王西彦还开玩笑地让蒋星煜给他介绍舞伴。

回到上海后，倒是有一次给王西彦介绍舞伴的机会。当时两人共同出现在南京西路联谊俱乐部舞场上，蒋星煜本想给王西彦介绍自己的舞伴。但当时一来王西彦是带着夫人一起参加舞会的，二来他细心地发现王西彦喜跳慢舞，而自己当晚的舞伴比较年轻，喜欢的是《蓝色多瑙河》、《维也纳森林圆舞曲》等华尔兹舞曲，不喜欢中速或者慢四步。犹豫之下，蒋星煜也就没有把舞伴介绍给王西彦。王西彦后来知道了这件事，见到蒋星煜时，又一次玩笑式地质问他答应给自己介绍舞伴，可为什么有了机会也不介绍。这种文人间的玩笑，倒是更为加深了他们之间的情谊，王西彦照样为蒋星煜外出讲学牵线搭桥。蒋星煜去远在金华的浙江师范大学讲学，就是王西彦为之特地联系的。

1951 年，蒋星煜在华东文化部文艺处工作，吴强担任艺术处第一副处长，因为这个处没有处长，吴强是事实上的主要负责人。蒋星煜随吴强下基层，两人同坐一辆三轮车。他们在车上谈工作、谈创作，也谈生活琐事，结下了亦师亦友的友谊。聊天的过程中，吴强记住了蒋星煜在解放前就写过有关书法的论文和著作，因此，1979 年 6 月 8 日，在巨鹿路 675 号作协大厅里举办一个高层次的书法艺术座谈会，彼时的座谈会多采用茶话形式。吴强开了专家邀请名单，邀请蒋星煜和沪上知名人物谢稚柳、周谷城、沈柔坚等一起讨论书法艺术，满室的茶香墨香。

到了 1984 年春天，蒋星煜的《〈西厢记〉罕见版本考》经日本朋友波多野太郎教授和不二株式会社谈妥，打算在日本出版手迹影印本。按当时规定，书稿寄往国外，必须经过有关单位或者学术组织审查。蒋星煜的书稿先送往中国剧协上海分会，久等没有下文，多次催问以后，书稿又送到上海市文联的外事科室，可还是久久没有答复。无奈之下，蒋星煜找了吴强。吴强当时是上海市文联主要负责人之一，他很快了解情况，得知了没有答复的原因。原来是工作人员以前没有办过此类事务，没有先例可循。吴强就告诉他们说，只要看一看书稿内容上有没有涉及泄密或者损害国家民族利益就可以了。在吴强的过问下，这件事情即刻就得以解决了。很快，《〈西厢记〉罕见版本考》即在日本出版。

后来，吴强还为蒋星煜和女儿蒋金燕合著的历史小说集《公主的镜子》作序。蒋星煜清楚地知道，吴强并不是仅仅对他一个人有什么特别的好感，或者仅仅是对他一个人帮助比较多，其实，吴强对下属对同事普遍如此，大家均有此感。他的乐观快乐感染着蒋星煜。吴强离开人世之后，蒋星煜一直怀念着他。

同样是在1941年，蒋星煜在重庆还结识了长他五岁的周策纵。他那时候在图书馆工作，周策纵还是大学二年级学生。周策纵经常在《大公报》《中央日报》等报刊上看到蒋星煜的文章，就经常到图书馆来找蒋星煜聊天。他们谈中国古典文学，谈欧美各国的思想家、文学家、哲学家等，海阔天空，无所不谈。

在校期间，周策纵主编《新月刊》，向蒋星煜约稿。蒋星煜不仅给周策纵的刊物撰写了稿件，还为他介绍了不少的办刊经验。周策纵大学毕业后，他们之间没有再联系。直到1947年，蒋星煜才听人说，周策纵已经被招揽为蒋介石的秘书，和陈布雷在一起，做一些起草文稿之类的工作。消息是否属实，蒋星煜那时也没有多去打听。

到了1979年，"文革"结束两年之后，蒋星煜才得知，周策纵在美国威斯康星大学担任教授。一下子得到故人在他国的消息，蒋星煜自然是喜不自禁。五年后的1984年，胡忌夫妇访问美国，临走前夕询问蒋星煜是否有什么信件要带给美国的朋友。蒋星煜就请胡忌夫妇见到周策纵后，转达他的近况。胡忌夫妇回国后，带回了周策纵的准确消息，还有周策纵在美国的家庭地址。终于在近四十年之后，蒋星煜和周策纵重新恢复了联系。

1986年，正在福州讲学的蒋星煜得到周策纵在上海参加学术会议的消息后，匆匆赶回上海，终于在周策纵赴香港飞机起飞前25分钟，两人见了一面。声音、风度都没有变，只是两人都是满头白发了，此情此景，不胜唏嘘。这以后，他们常有学术交往，但每每谈及，老友中健在的固然不少，而亡故的却是多数，时光的确无情，却更让他们加倍珍惜延续了半个世纪的友谊。

与此相应，蒋星煜与徐中玉教授的相识相知，也是走了由文及人的道路。最早时候，蒋星煜读了徐中玉教授的《鲁迅生平思想及其代表作研究》，觉得不止立论相当持平，也显得比许多研究鲁迅的著作要客观许多，学术性也比较强。1957年"反右"之后，蒋星煜就很少看到徐中玉教授的消息了。直到20世纪80年代中叶，蒋星煜常去华东师大讲授中国戏曲史，也经常去上海市作协开会，彼此见面的机会反而多了起来。蒋星煜印象最深的是他一次谈到 1960 年前后在浦江饭店修订《辞海》，每次需要资料，总负责资料的李树棠总能很快找到。令蒋星煜称奇的是李树棠却并非文史专业出身，他是学法律的。这时，徐中玉教授才微笑着说，他当时就是负责具体查找资料的三人之一。这当然是大材小用了，因为当时的“反右”运动把徐中玉也给卷进去了，他只能做些查找资料的工作。但是，令蒋星煜赞叹不已的是，徐中玉说这些话时，神态坦然自若，一点也没有发牢骚，一个人能够做到这一步，这该是何等的修养啊！

1996 年，蒋星煜打算赴澳大利亚一游，同时借机对悉尼歌剧院做一次全方位的考察，临走时，想起上海青年话剧团的编剧李婴宁刚从澳大利亚回来，就委托她开一份在澳洲的戏剧家、华裔作家的名单，李婴宁的名单开出来后，排在第一位的就是黄苗子、郁风夫妇。

其实，蒋星煜和黄苗子、郁风夫妇相识在 1948 年的南京，那时蒋星煜在南京中央通讯社做记者，地下党要利用蒋星煜的工作关系，通过国民党中央通讯社的版面，替共产党人传达一次消息。后来蒋星煜用了心思，完成了这次任务。他也就此与黄苗子、郁风夫妇结下友谊。这一次蒋星煜的澳洲之行，因缘际会，与老友的联系又重新恢复。他们保持着书信往来，谈往事，谈现状，也谈对中国文艺状况的看

蒋星煜参加中国戏剧研讨会，与任广智（中）、但杜宇（右）合影

法和建议。郁风在信中有时会写到戏剧界电影界许多老友已经去世，也会流露出"访旧半为鬼"的伤感和惆怅。但是，无论身在何处，文艺界炎黄子孙对故土难以割舍的情怀，一直充盈在蒋星煜的心里。

## 五、狮峰龙井与佘山茶香

蒋星煜晚年安居上海，除了笔耕不辍，安详、充实的生活一如他一生挚爱的茶香，深远而悠长。

2000年11月，杭州胡庆余堂的王先生请蒋星煜一帮朋友去龙井品茶，蒋星煜曾多次在杭州龙井品过茶，原本打算推辞不去，后来拗不过王先生的热情，就赶赴杭州龙井。那一天，他们离开湖滨，到了龙井并没有停歇，一直到狮峰26号方才停下车。一行人先是看了著名的文物古迹"十八棵御茶"，然后开始在狮峰茶室品茶。

虽然已经算是秋茶，但色、香、味却丝毫不逊色于春茶。狮峰饮茶还有一个好处，就是可以尽情远眺，放眼望去，满山的绿色和杯中的绿色争奇斗俏、交相辉映。在这里，蒋星煜又一次感悟，这茶之所以如此沁人脾胃，狮峰环境幽雅固然起了作用，更主要的，还是他们喝的茶用了狮峰泉出口处最天然最纯净的水。

狮峰泉水晶莹得像是液体的水晶。据说龙井中的水即渊源于此，泉水在出山之后，又经过一段流程才到达龙井那个地方，可口的程度要比狮峰泉略逊一筹，但仍不愧为饮茶用水的上选。古诗云"在山泉水清，出山泉水浊"，蒋星煜想，古人所言，在狮峰泉这儿得到了最好的验证。

上海附近也有一处少污染亦好饮茶的去处，那就是松江佘山。佘山虽然海拔不足百米，离都市也不过三十公里，却毫无喧嚣而山水宜人。那天蒋星煜去佘山，本来是打算登山的，进了山门里竹林边的"山人茶庄"就坐，原想只喝一二开就走，不成想这茶水的色、香、味如此不同凡响，于是他改变了主意，打消了登山念头，专心坐下来品茶。

向工作人员打听以后，蒋星煜才知道，这茶叶土生土长，居然就产自佘山。细看这刚刚炒烘的明前茶，特别娇嫩，一经冲泡，立刻瓣瓣伸展开来，鲜嫩的草绿色逐渐洒满整个瓷杯，淡泊的茶香随之飘浮到空气中。实际品尝之下，觉得其味要比香气更淡泊一些。但是，茶水咽下之后，仍有回味，丝丝微微，似断似续，绵延不止。

蒋星煜的疑问随之就来了：这茶分明属于龙井系列，怎么就能算是佘山的本地茶呢。茶场工作人员解释道，佘山在上世纪70年代就引进了8万株龙井树苗，1994

年又从杭州梅家坞引进所谓"龙井43"两万株，经过多年精心的培育，不仅没有发生"橘逾淮而为枳"的那种异化，反而色、香、味三方面都还有了些许提高。有一年在全国范围的茶叶评比中，佘山引进的"龙井43"比梅家坞当地的"龙井43"还高出了半级。佘山茶叶培育已经打出了"上海龙井"的品牌，不过因为茶叶产量比较少，还无法上市大量供应。

蒋星煜一边听着工作人员介绍，一边饶有兴致地喝着未来可能上市的"上海龙井"。第二开无论香气还是口感都更入佳境，虽然茶汁的色泽仍旧没有加深，但香气则稍微浓厚了一些，茶水到了口中，感觉上也厚实了一些，尤其是那种回味，是足够他仔细品尝的。

茶树非常洁身自好，不能受到某些不良植物的纠缠或者污染。这里的海拔大约五十米，茶树生长在大片修竹丛中开辟出来的一块干净土地上，不仅土地没有污染，就连空气也是清幽高洁的，空气质量绝对上佳。蒋星煜似乎也感觉到了茶园中的空气的奇异之处，既不是清润，也不是清爽，而是一种远离尘嚣才有的清幽。他猜测，佘山的"龙井43"之所以能够青出于蓝而胜于蓝，也许在接受阳光雨露的恩赐时，茶树和修竹、香樟之间就有了某种微妙的交流和沟通，因为这个原因，上海龙井日积月累地受到熏陶，所以在色、香、味三方面都呈现出了异彩。

2005年1月6日，上海市文广局创作中心、上海市艺术研究所联合举办"蒋星煜学术创作活动65周年座谈会"，座谈会议有二十多位专家学者参加，可谓隆重异常。作为我国著名的戏剧作家、评论家，蒋星煜以自己一生不懈的笔耕，特别是在《西厢记》研究和历史小说、散文等领域的深入研究和丰硕成果，尤其是为我国戏剧理论研究以至文学创作事业做出了突出贡献，此次研讨会的召开，当是众望所归的。

身材瘦弱的蒋星煜，居然拥有如此巨大的创作能量，这让不少与会者惊叹不已。当然，他们的惊叹，不单纯局限于蒋星煜600多万字的学术成果清单，令他们惊叹的，同时也在于蒋老笔耕不辍的精神和凝聚在他身体里博学多才的艺术修养。

那一天，与会的二十多位专家学者，都对蒋星煜65年来在学术研究和文艺创作中所取得的成就，给予了高度评价。综合起来，大家对蒋星煜的学术和创作，可以简单地概括为：蒋星煜在学术上所取得的丰硕成果是与他严谨的治学作风分不开的。

以蒋星煜的历史小说而言，他创作于不同时期的这些作品，有一个清晰的坐标图谱，代表了进步正直知识分子对历史的关照和对民族进步的关心。虽然，蒋星煜也曾经因为这些著作和作品受到了极其不公正的待遇，但他依然倾注一生精力，无怨无悔地投身于学术研究行列，他以一颗正直善良之心、端正平和的心态，思考着

149

历史、人生与艺术的关系，自觉承担并担当起对人生、对社会、对历史的责任，把自己生活的价值体现在学术文化事业中，在当代社会，具有良好的引领作用。

在治学风格与学术成就方面，蒋星煜的特点非常鲜明，在 2005 年 1 月的这次研讨会上，蒋星煜在艺术研究所的同事、戏曲专家周锡山的发言得到大家一致肯定：其一，蒋星煜把学术研究与创作相结合，学术研究的全面与深入相结合。在创作领域，他擅长散文、随笔、杂文和历史小说，已经出版了多种合集，且成果之丰硕，少有人可以与之比肩。在研究领域，蒋星煜在明史研究、文化史研究、舞蹈艺术研究、书法艺术研究、语言文字研究和戏剧史研究方面都撰论文和出版了专著，尤其是在《西厢记》的研究方面，蒋星煜更是取得无与伦比的杰出成就。蒋星煜一生治学的一个特别之处也在于，他的学术研究既能突出重点，又能关照全面，还能顾及冷门和填补空白。其二，蒋星煜的研究对象，往往代表的是最高的文化艺术成果，由此，蒋星煜所获得的当然也是最高层次的学术成就。

蒋星煜对自己的学术目标往往从细微处着手，但他的定位却很高，如他选择的重点研究项目都是第一流的研究对象，例如书法研究，他选择的是中国书法领域里成就最高的唐代颜真卿的颜体，戏曲研究则着重于《西厢记》研究，其次是汤显祖及其《牡丹亭》的考证，还有《桃花扇》史料的钩沉与考证。就艺术水准而言，《西厢记》是中国文学史、戏曲史上最伟大的作品之一，蒋星煜的《西厢记》研究，成就卓越、影响巨大，他在《西厢记》研究中所体现的学术特点是宏观与微观相结合，理论与审美相结合，"厢"内研究与"厢"外研究相结合，以此为出发点，蒋在《西厢记》研究中展现了眼光高远宽广、分析细致入微的学术特征。

蒋星煜学术方法的特点，大家还总结为他始终坚持文艺学、文献学、文化学的研究本体，从点的研究与面的研究结合处突破，并将历史的研究与现实的研究结合起来入手。对蒋星煜的学术人生特点，则基本上可以用"广博通达"几个字简单概括。纵观蒋星煜的一生，从溧阳到上海的求学道路，尤其是战时重庆多方名家大师的殷殷指点，都使他在整个文化领域，对书法、国画、舞蹈、杂技、古典音乐等等都始终保持着浓厚的兴趣。对于国画，蒋星煜一直谦称，虽然自己也曾学过山水画，可惜因为一些原因，却一直遗憾自己未能持之以恒。就因此，包括国画在内的以上这些，以他自己的标准，他认为自己也还都只能算做是以欣赏为主，属于赏析层面。事实上，蒋星煜对于艺术广博的兴致和广泛涉猎，倒是让我们想到如今全国都在推行的人文科学素质教育，在一定意义上，蒋星煜可谓是中国艺术素质教育的一位践行者，也可以说是一位楷模。

毫无疑问，蒋星煜对于整个艺术领域的诸多门类涉猎之广、用力之深已经属于少见。但是，他依然认为自己对于多种艺术门类还只是喜欢而已，并未花太多

蒋星煜 85 岁生日时所摄

工夫。

如今，已届九十五岁高龄的蒋星煜，谈及自己的学术和创作成果，总是轻描淡写地说：我的所谓成果，根本不要求大家公认，因为我既不是任何政党的成员，也没有担任过任何长啊、主任啊、主席啊，就连副职的头衔也没有，要局外人承认你的成果不可能，他们不了解。即使在圈子里面，大家做学问的路径不同方法各异，尤其是各人下苦功的程度天壤之分，也是很难的。除了作协、剧协，我没有参加任何文艺团体，我是一枚不折不扣的"白丁"。

正因为把自己定义为一枚"白丁"，所以，蒋星煜才拥有了一颗平常之心。也因此，反倒有助于他潜心学问，诸多读者至今还几乎每个月都能在报纸杂志上读到蒋星煜撰写的各类谈艺术、谈文化的文章，也就毫不奇怪了。

但是，众人评判的目光是客观公允的。事实上，蒋星煜一生向学，除中国戏曲史研究而外，他在明史研究、书法、音乐、美术等诸多艺术领域中的杰出成就，也已经得到了专业界和社会的公认。

十年"文革"结束之后，吴强因为曾经是他的领导，对蒋星煜比较了解，介绍蒋星煜参加了上海市作家协会。那次上海市作家协会召开大会，蒋星煜还被推荐为古典文学组的代表上台发了言。

那天作家协会大会的情形，他历历在目。他还记得那天休息的时候，来自复旦大学的蒋孔阳教授、来自华东师范大学的钱谷融教授走到他面前，神情有些惊异地问他："解放前有一本《中国隐士与中国文化》，是你写的吗？"虽然，这情形出自两位学术领域博学多才的大家身上，但也正反映出上海文化界当时对蒋星煜的不甚了解。也正因为如此，蒋星煜的达观心态和知足常乐心态就更加显得弥足珍贵，当然，谈到对于什么研究成果的"公认"等等话题，他就显得更加洒脱和无所谓了。

还好，值得庆幸的是中国作家协会倒是了解蒋星煜抗战时期在上海、重庆两地以手中笔杆子为武器，做了不少文化救国的工作，所以，1995 年，在纪念抗战胜利五十周年时候，颁给他参加抗战文艺活动的荣誉奖牌，他觉得这不仅是一个荣誉，同时也是一个肯定。

晚年蒋星煜的日常生活、对外交流以及主要的学术活动甚至著作出版等，均由几位子女安排打理，儿子、女儿孝顺老人，在他们尽心尽力的照料下，蒋星煜的晚年生活稳定安宁，成为他一生中又一次学术成果高产期也就不奇怪了。进入新世纪的 2004、2005 年间，蒋星煜丰硕的学术成果在各界的重视下，得到又一次璀璨地展现。2004 年，他连续出版了四本学术专著，即使对于在正值创作旺盛期的中青年学者来说，也实属多产。

的确，读者眼中多才多学的蒋星煜，在他七十多年的学术生涯中，虽然一生充满坎坷，但在学术道路上的追求没有止境，他对于学术研究的孜孜以求和求真务实，正是我们这个时代所稀缺的一种学术精神。

蒋星煜在现居住的梅陇留影

大音希声，蒋星煜从来没有洋洋洒洒的给后辈学人讲做学问的大道理，但是，他以自身不懈的努力和学术追求，给了后学无以替代的影响力。他的一支笔，从来没有用来为自己鼓噪招摇。"桃李不言，下自成蹊"他的存在，他对于中国戏剧史论及中国戏剧文化研究所做出的卓越贡献，都昭示了这些简单的人生道理。

# 附　录

　　也许我生来就有一点文艺的细胞，从读书识字开始，就觉得听故事、听唱歌、看舞蹈等等非常有趣，我一直就十分喜爱这些文艺形式，但并不是满足于加以模仿，或者是参加一下表演就可以了，而是情不自禁地加以品头论足。如果一定要找出个不一样来，这一点，就算是跟很多人不太一样的地方吧。

——蒋星煜

蒋星煜近照

# 从艺大事记

1920 年 9 月 11 日，出生于江南古城江苏溧阳城内长富亭大巷。

1924—1925 年，由外祖父孙汾卿带领，以年龄最小的茶客身份出入溧阳县城内大公和茶馆，在这里最早接触到许多社会和文化知识。

1926 年 2 月，因溧阳县城没有专门的幼儿园，进入第一女子小学，成了第一女子小学幼儿园部唯一的男生。随后，先后进入溧阳期成小学、同济中学读书。

1932 年 3 月，在宜兴公立农业学校读初中一年级，并与表舅周陛勋等在宜兴《品报》之"时代青年"副刊发表《青年的苦闷》，初步展露出写作的天分。

1934 年，在故乡溧阳读书，同时主编同济初中半月刊壁报。向《新溧阳报》投稿，且发表。报纸负责人史彦波写信给蒋星煜说："君爱好写作，乃溧阳文艺之曙光。"

1936 年 7 月，于溧阳私立同济初级中学毕业，进上海新寰中学读高中。学校属于商业性质的办学体制，因为食堂伙食太差，在壁报上写文章，主张学校伙食由学生自理，学校认为蒋星煜"言行不检"，记大过一次。

1937 年 7 月，抗日战争爆发，在故乡参加抗敌后援会，溧阳沦陷后，随同父母逃难至乡村北谈庄。

1938 年 5 月，回到上海，入上海国光中学读高三，第一学期考试考了第一名。随后相继参加三个读书会，得到了季方、卢豫冬等人的指导，并认识了蓝瑛、翁曙冠等进步青年。

同年 8 月开始为《大英夜报》、《中美日报》写稿。

1939 年 9 月，高三下学期，受邀国光夜校做教师。

同年 10 月，继续在《中美日报》撰写稿件，所写的大部分是揭批汉奸文人稿件，发稿范围更扩大至《中美周刊》、《华美晚报》等。

同年 11 月考入留在上海的复旦大学会计系。

同年 12 月继续参加由黄浩然领导的读书会。

1940 年，继续为报刊撰写稿件，继续参加由旅冈（卢豫冬）领导的读书会，以及名为四补校同学会的规模很大的读书会的一系列活动，领导者即是蓝瑛（竺宜俊）、翁曙冠等。

1941 年 8 月，上海的形势日趋恶劣，随着一群跑单帮的生意人去了香港，然后历尽艰辛，经过东江、韶关、柳州等地，历时一个月，到达大后方重庆，并经堂兄蒋星德介绍，在中央政治学校图书馆担任图书管理员工作，并开始在《大公报》《中央日报》发表各种弘扬抗日热情的文章。

1942 年 5 月，在重庆拜访陈望道先生，面交修辞例证，没有介绍信却得到先生热情的接待。

同年 7 月在中华书局出版《中国隐士与中国文化》，此书为蒋星煜的第一部学术著作。

1943 年 8 月，在燎原出版社出版《作家笔名索引》。

1944 年 10 月，自中央政治学校图书馆辞职，开始在中华教育电影制片厂上班，在厂内结识史东山、孙瑜，并常在北碚访晤陈望道、老舍等，因编辑《世界学典》认识李石曾，后者答应尽快为之出版已完成的《颜鲁公之书学》。

同年秋天，在重庆北碚南岸蔡锷路首次拜访老舍先生，首部学术著作《中国隐士与中国文化》引起梁漱溟先生的重视。

1945 年 8 月，完成论文《论阿 Q 周围的人物》，并寄给茅盾先生，请他提意见，茅盾亲笔回信，认为稿件质量不错，可以发表。此文后来被收入高三语文课本。

1945 年 8 月 15 日，抗日战争胜利，在中央通讯社担任高级记者，同年在中苏友好协会首次采访胡适，随后并完成胡适《水经注》讲解报道，得到胡适先生的信任，并因此确立了在中央通讯社的地位。

1947 年 7 月，在《大公报》文艺副刊"文艺"发表第一篇历史小说《嵇康之死》。

1948 年 9 月，在银河书屋出版《一个女性的典型》。

同年 10 月，在李石曾的帮助下，在世界书局出版《颜鲁公之书学》书法专著。

1949 年 10 月，在《大公报》发表《南方与北方》，反对以长江为界的南北朝式分治方式，招致两广地区军阀的反感。

同年秋，拒绝随中央通讯社撤退台湾，抛弃行李，只身回到上海，等待解放。

同年 12 月，经人介绍进入上海市军管会工作，任文艺处剧艺室干部。

1950 年 10 月，上海市军管会文艺处撤销，进入华东文化部工作。

同年，为《西厢记》剧组讲课。

同年结婚，妻子王国霞自安徽芜湖嫁到上海生活。

1952 年 5 月，调入华东戏曲研究院编审室，院长周信芳经常与之讨论历史真实与艺术真实的问题。

同年，在上杂出版社与徐以礼合作出版《盖叫天的艺术生活》。

1955 年 11 月，华东大区撤销，调上海市文化局艺术一处。后来成为上海市文化系统"肃反运动"第一个重要调查对象，经内查外调后，被宣布为自己同志。

同年接受上海市文化局局长李太成布置的工作任务，写成《海瑞传》。

1957 年 1 月，由文化局领导李太成布置任务，撰写并在上海人民出版社出版《海瑞传》一书。

同年 3 月在东海文艺出版社出版《刘伯温寓言》，险被打成"右派"。

同年 10 月与龚义江合作，在上海文艺出版社出版《共产主义凯歌》与《烈火红心》。

同年 11 月在江苏人民出版社出版通俗读物《况钟》。

1959 年 3 月，在少年儿童出版社出版《海瑞的故事》。

同年 6 月由解放日报社布置写作历史小说《南包公海瑞》，并在该报刊出。后在文字改革出版社出版。

1960 年 4 月，参加刘厚生主编的《辞海》戏剧戏曲部分辞目修订工作，三天时间写成【十五贯】、【马锦】两条，乃戏剧戏曲组第一批定稿条目。

1961 年 12 月，全年编写《辞海》，同年并写成《关于〈南词引证〉的几个问题》（发表于《文汇报》1961 年 7 月 19 日）、《欧阳予倩对声腔研究的贡献》（发表于《文汇报》1961 年 8 月 21 日）两篇文章。

1962 年 6 月，借调至上海戏剧家协会，准备编辑《戏剧大辞典》。

同年 9—11 月在上海市文化局、上海戏剧学院合办的编剧班与研究班讲课。

1963 年 5 月，解放日报社布置写作并在该报刊出历史小说《李世民与魏征》。

1965 年 10 月 15 日，作为最年轻的与会者，参加文汇报社召集的由周谷城、周予同等十余位专家学者参与的座谈会，讨论姚文元《评新编历史剧〈海瑞罢官〉》。

1966 年 5 月，"文革"开始。

同年 6 月份，成为上海市文艺界第一位"靠边"站人物，两周后周信芳被"靠边"，以后陆续遭到不断批斗。

1967 年 11 月，与黄佐临同时关进上海石门一路 333 号三楼一小间，被隔离审查。

1968 年 10—12 月，在上海奉贤"五七"干校劳动改造。

1969 年 2 月，继续在"五七"干校劳动接受监督，参加各项劳动。

1970 年 8 月，进新闸路上海市第八制药厂生产车间接受劳动改造。

1974 年 3 月，妻子王国霞因不堪忍受"文革"屈辱迫害，含恨辞别人世，时年 42 岁。

1978 年 9 月，劳动改造结束，被调回上海市文化局工作，此前先在上海市图书馆古籍组参加版本审定工作，过渡一段时间。

1979 年 3 月，在上海艺术研究所任研究员。

同年 9 月，上海市正式为有关海瑞著作和《李世民与魏征》平反。

1980 年 5 月，在上海人民出版社出版《历史故事新编》。

同年 7 月在广东人民出版社出版《以戏代药》。

1981 年 10 月，退休后继续担任上海艺术研究所学术顾问。整理三年来所研究的《西厢记》文献材料，开始对《西厢记》进行系统的研究，撰写了《明刊本〈西厢记〉研究》一书，在上海、北京发表二三十万字文章。

同年 11 月在上海人民出版社再次出版《海瑞传》，赴海南岛向海瑞博物馆捐献有关海瑞遗物。在上海人民出版社出版《况钟》。

同年 12 月在少年儿童出版社出版《包拯的故事》。

1982 年 4 月，在中州书画社出版《中国戏曲史钩沉》。

同年 7 月在中国戏剧出版社出版《明刊本〈西厢记〉研究》。

同年 8 月开始从事舞蹈研究并撰写舞蹈评论。

同年 9 月在《戏剧艺术》、《中华文史论丛》、《社会科学战线》发表系列长篇戏剧论文。

1983 年 5 月，与女儿蒋金燕合作在浙江人民出版社出版《公主的镜子》。

同年 10 月为编著《中国戏曲剧种大辞典》，到安徽、浙江、河南、陕西、广东、广西等地进行调查研究。

1984 年 3 月，在日本东京不二株式会社出版手稿真迹影印本《〈西厢记〉罕见版本考》，由日本波多野太郎教授作序。

同年 9 月被华东师范大学邀请，在为来自全国各地的优秀青年教师举办的培训进修班上，讲授中国戏曲史，每周一个上午，讲授一个学期，共二十讲。并被华东师范大学、上海师范大学聘为兼职教授，被山西师范大学戏曲文物研究所聘为顾问。

同年 10 月，《明刊本〈西厢记〉研究》一书获得中国戏剧家协会第一届戏剧理论著作奖。

1985 年 5 月，在百花文艺出版社出版《古今名人趣话》。

同年 7 月为海口市博物馆撰写编辑《海瑞资料选辑》。

1986 年 8 月，与王季思、岩城秀夫在山西永济考察普救寺，在齐鲁书社出版《中国戏曲史探微》。

同年 9 月参加上海戏剧学院教师高级职称评审，为"戏剧历史与理论学科评审组"三名外聘专家之一，并受邀担任《元曲鉴赏辞典》主编。

1987 年 8 月，应邀先后赴湖南省文化厅、江西省文化厅、安徽省剧协、云南省剧协、山东大学、宁夏大学、浙江师大、曲阜师大等机关高校做中国戏曲史与历史剧专题学术讲座。

同年 10 月，《辞海》主编夏征农聘请蒋星煜担任《辞海》编委、分科主编。

**1988 年 7 月**，在齐鲁书社出版《中国戏曲史索隐》。

同年 9 月在上海古籍出版社出版《〈西厢记〉考证》与《大理寺正卿的失踪》。

同年 11 月在中州古籍出版社出版《名人轶事》。

**1989 年 11 月**，《解放日报》创刊四十周年出版纪念文集，原党委书记王维发表《〈李世民与魏征〉挨批评经过》，叙述蒋星煜在其中受波及的原委。

**1990 年 4 月**，担任主编的《元曲鉴赏辞典》由上海辞书出版社正式出版。

**1991 年 5 月**，上海市委党校研究室等编辑出版《上海民歌文化大事记》，记载孔令镜、蒋星煜诸人在《中美日报》发表文章的事迹。

**1993 年 10 月**，应邀赴台湾讲学，并参加一系列学术会议。

**1994 年 2 月**，享受国务院政府特殊津贴，国务院颁发证书，表彰其对文化艺术事业的突出贡献。

同年 4 月与人合作在英国 Green Wood 出版《Chinese Popular Culture》。

**1995 年 5 月**，在上海远东出版社出版《中国古代文豪的故事》。

同年 8 月与张泽刚合作在上海远东出版社出版《中国古代清官的故事》。

同年 12 月获得中国作家协会颁发抗战时期老作家荣誉纪念奖牌，为全国获此荣誉的三百位作家之一。

**1996 年 9 月**，在台湾学海出版社出版《〈西厢记〉新考》。

**1997 年 7 月**，在上海古籍出版社出版《〈西厢记〉的文献学研究》。

同年 9 月与张澂合作在上海古籍出版社出版《元曲一百首》。

同年 10 月在汉语大词典出版社出版《文坛艺林见知录》。

同年 10 月在澳大利亚与华裔作家广泛交流，并三次考察悉尼歌剧院。

**1999 年 2 月**，与上海图书馆合作，在上海科技文献出版出版《〈西厢记〉俪影集》。

同年 10 月所著《〈西厢记〉的文献学研究》获文化部第一届文化艺术科学优秀成果奖。

**2001 年 10 月**，担任由山西师大黄竹三、冯俊杰主编的《六十种曲评论》（共二十五册，由吉林人民出版社出版）顾问，并为之撰写总序。

**2002 年 5 月**，在上海辞书出版社出版《文坛艺林沧桑录》。

**2003 年 5 月**，与贝聿铭、周巍峙等八人担任由联合国教科文组织资助、中国昆曲研究中心主办的中国昆曲论坛顾问。

**2004 年 5 月**，在上海学林出版社出版《蒋星煜历史小说集》。

同年 7 月在上海辞书出版社出版《〈西厢记〉研究与欣赏》。并为王进珊主编《〈申报〉文艺副刊编校丛录》作序，该书由徐州师范大学出版社出版。

2005 年 3 月，在中国香港文汇出版社出版《蒋星煜旅游散文集》。

2006 年 6 月，在上海远东出版社出版《文坛艺林备忘录》。

2007 年 7 月，在上海人民出版社出版《〈桃花扇〉的研究与欣赏》。

2009 年 3 月，上海人民出版社出版第二版《中国隐士与中国文化》及《颜鲁公之书学》。

2012 年 3 月，在上海人民出版社出版《山水对人性的折射》。

同年上海图书馆为庆祝建馆六十周年，决定仿真影印《江流记》等乾隆御览传奇两种，受邀为之写序。

2013 年 10 月，上海人民出版社出版八卷本《蒋星煜文集》，共计 490 余万字，由余秋雨做总序。

同年，历史小说《捉刀人曹操》荣获中国小说学会颁发的中国古代小说奖荣誉证书。

2014 年 3 月，上海文艺出版社出版《文人风骨》。

同年，为周锡山编著的三卷本《〈西厢记〉注释汇评》（上海人民出版社出版）作序。

# 后　记

　　由我来撰写蒋星煜先生的传记书稿，接到邀请，瞬间内心满是忐忑不安，随即便有了一种跃跃欲试的冲动。这种瞬间发生的心里转换，说来话长，也充满着戏剧性。

　　这是因为，上海文化界、戏剧界一大批专家学者，在蒋先生面前执弟子礼，而他们，很多则是我求学戏剧理论的老师。时间当是上世纪九十年代，那时我在上海戏剧学院戏文系读本科，在戏曲史论课堂上，老师讲授中时不时就会带出蒋星煜先生的名字，而他的许多论文、著作，都是我们那时候的必读参考材料。

　　记得那时候几次在戏曲学习课堂上提到登门拜访星煜先生，但是，那已然是二十年前的事情了，当时先生的讲学活动远比现在要多许多，而且，拜访星煜先生，我们的老师自己必得陪同前往，几次决计成行，可惜机缘不巧，时间都没有约定好。

　　随后我大学毕业，在一家媒体做了一段时间的文艺版记者和编辑，倒多了近距离感受先生风采的机缘。可那时候太年轻，心思不宁、事务杂乱，几次采访先生，印象中往往都是完成任务的心态，很多问题到了嘴边，却没有静心沉潜、及时向先生讨教。一次倒是得了机会须当面向先生请教，还在兴奋中呢，临出门，却被告知前一晚加班任务不够完善，需返工。探视先生，改由如今已定居大洋彼岸的一名同事代行。不仅自责，而且懊悔。

　　这是一个心结。在这样一个飞速旋转的岁月里，时光如梭，在我心底，总有着沉沉的惦念。2012年年底，接到上海市文联文学艺术院的电话，邀约撰写蒋星煜先生传记，还记得那是冬日午后，零星的雨夹雪拂过车窗，阴冷的天，思绪有些凄惶。事实上，2012下半年，身边世界天灾人祸匪夷所思般的突如其来，不安、慌乱，沮丧、迷茫充斥着那一段时间我的人生，且久久挥之不去。可接到电话的那一刻，应当属于心灵召唤，我分明看到一线曙光在眼前升起——

　　蒋星煜先生住在上海西南的梅陇，与喧嚣的市中心稍有点距离。第一次正式拜访蒋先生，恰如幕启。那天我开车，可叹我与陪同的上海文学艺术院倪里勋副院长都不认路，几经周折绕了大圈子才抵达蒋先生所住小区。忽然就想到，为给蒋先生写这本传记，这第一次登门的经历，与我与先生的相识，原本却是很相似的情形。这，也是一种戏剧性么？

　　第一幕的舞台就是蒋先生不算阔大的客厅，冬日午后的阳光，温暖和煦。大半个世纪前的如烟往事，每每谈及，先生居然可以准确地在身后书架上翻出相关资料佐证，这一幕让我永远难忘。同样难忘那天《蓝色多瑙河》舞曲溢出的魅力，过去大半年的失望与不快，似乎被挤出窗外。生命的活力，多么美好！

那个午后，静静注视眼前逼近一个世纪依然旺盛的生命，年届不惑的我心中的敬意油然而生。我蓦然就想到曾经亦不惑之年的蒋星煜先生，已经遭逢几番人生波折，著作、文章早已天下知，而后面，不知道的，是如晦风雨还在等着他，所谓人生的苦难，读书人的彷徨、失意，快乐乃至幸福，活生生的生命宝库，我就要亲手打开，近距离、完整而没有保留。

那一刹那，心底如电光石火闪过。仿佛，大幕渐起，全新打造。

上海戏剧学院的余秋雨教授说，蒋星煜先生完全不是一般印象中"海派文化"广而不深、新而不厚的模样，认为星煜先生"他固然广博得令人惊讶，但在中国戏曲史的研究上，特别是在《西厢记》的考订和评析上，却极为精深，达到了国内第一流的水准"。而他对于星煜先生文字的印象："笔触所及，总是那么友善、温和、文雅，让人联想到他在生活中的快乐、天真和善良"，更是让我感同身受。

是的，友善、温和、文雅，快乐、天真、善良，以及心底愈发呼唤的真诚，我们从小就被教育理应具备的这些闪耀着人性光芒的品行，突然间，似乎距离我们这个喧嚣的时代有些遥远。

然而，纵然世道纷繁喧嚣如此，我们没有理由轻易遗忘和抛弃这些可贵的品质。所谓"西风紧、北雁南飞"，所谓"佳人入年华"，我们没有更宏大的理由，仅仅因为，这个九十五岁高龄的文化老人，一生坎坷，饱经沧桑，他还有，我们焉能没有！

不会忘记2013那个挥汗如雨初稿写作的盛夏，用心尽力的艰辛之后所生发的生机，是隐秘生命中最为勃然的生机。谁说当下国人伦理尽丧、底线皆无？

此书成稿的另一个收获，在于让我看到，生逢当下的我们，依然可以营造一方清爽不失童真的净土，只要我们愿意，只要我们用心尽力。

尹永华

2014 年 6 月 22 日

图书在版编目（CIP）数据

西厢桃花别样红·蒋星煜／尹永华著.—上海：
上海文化出版社，2015.11
（海上谈艺录）
ISBN 978-7-5535-0425-4

Ⅰ.①西… Ⅱ.①尹… Ⅲ.①蒋星煜—传记 Ⅳ.
①K825.78

中国版本图书馆 CIP 数据核字（2015）第 170866 号


策　　划　宋　妍　张晓敏　沈文忠
统　　筹　倪里勋　王　刚

责任编辑　张　琦
特约编辑　刘绪源　司徒伟智
封面设计　姜　明
封底摄影　田　员
技术编辑　刘　学

丛 书 名　海上谈艺录
主　　编　上海市文学艺术界联合会　上海文学艺术院
书　　名　西厢桃花别样红·蒋星煜
著　　者　尹永华

出　　版　上海世纪出版集团　上海文化出版社
地　　址　上海市绍兴路 7 号
网　　址　www.cshwh.com
邮政编码　200020
发　　行　上海世纪出版股份有限公司发行中心
印　　刷　上海天地海设计印刷有限公司
开　　本　787×1092　1/16
印　　张　10.75　彩插:2
字　　数　220 千
版　　次　2015 年 11 月第一版　2015 年 11 月第一次印刷
国际书号　ISBN 978-7-5535-0425-4/K.049
定　　价　38.00 元

敬告读者　本书如有质量问题请联系印刷厂质量科
电　　话　021-64366274